Traugott Giesen
Das kannst du glauben

Traugott Giesen

Das kannst du glauben

Das Glaubensbekenntnis
in neuem Licht

PATMOS

Die Deutsche Bibliothek – CIP-Einheitsaufnahme

Giesen, Traugott:
Das kannst du glauben – Das Glaubensbekenntnis in
neuem Licht / Traugott Giesen - Düsseldorf: Patmos, 2001
ISBN 3-491-70339-5

© 2001 Patmos Verlag GmbH & Co. KG
Patmos Verlagshaus Düsseldorf
Alle Rechte, einschließlich derjenigen des auszugsweisen
Abdrucks sowie der fotomechanischen und elektronischen
Wiedergabe, vorbehalten.
Satz: Fotosatz Moers, Mönchengladbach
Druck und Einband: fgb · freiburger graphische betriebe
ISBN 3-491-70339-5
www.patmos.de

Vorwort

Schätze muss man pflegen. Wenn man sie nur für später verwahrt, verkommen sie.

Wahre Schätze verlieren durch Benutzung nicht ihren Wert, sondern sie steigern ihn.

Manchmal kann es auch geschehen, dass man ein altes längst vergessenes Stück plötzlich wieder entdeckt und überrascht davon ist, welchen Wert oder welche Bedeutung es für das eigene Leben hat.

Solche Erfahrungen gelten ganz besonders auch für Texte der christlichen Tradition. Unser altes Glaubensbekenntnis kann ein Beispiel dafür sein.

Vor zehn Jahren habe ich erstmals ein ausführliches Buch zum christlichen Glaubensbekenntnis geschrieben. Ich freue mich, dass es nun zu einer überarbeiteten Neuauflage des Buches kommt.

Dieses Buch will zeigen, dass man aus den alten Glaubensformeln neuen Mut schöpfen kann, wenn die Sätze ihren Formelcharakter abstreifen und uns wieder den Sinn zugänglich werden lassen, den sie haben und den sie immer behalten werden. Lebt man mit den Worten, dann leuchten diese, sie stärken Gottvertrauen und Lebenslust.

Das Buch lädt den Leser und die Leserin ein, mit zu reisen durch den alten Text, und wie auf einer Pilgerfahrt Halt zu machen an wichtigen Stationen.

Jeder der zwölf Sätze des Glaubensbekenntnisses wird in seiner Leuchtkraft aufgeschlossen, in der wir für unser doch recht schwieriges Leben Energie, Mut, Ruhe und Fröhlichkeit gewinnen können. Für diejenigen unter den Leserinnen und Lesern, die nicht auf diesen Spuren durch den Text pilgern wollen, sondern sich in eher distanzierter und fragender Haltung den alten Glaubenssätzen nähern, bietet das Buch eine Fundgrube von Assoziationen und Anstößen zu weiterem Forschen und Nachdenken; gerade so wie ein wahrer Schatz dem, der sich an ihm erfreut, vielschichtigen Reichtum eröffnet.

Die besonders wichtigen Worte der Bibel sind mit abgedruckt; auch, um in dies größte Buch der Menschheit hineinzulocken zum eigenen Weiterlesen. Das wäre wahres Glück: Dies kleine Buch schöpft aus dem Glaubensbekenntnis Lebensmut und befreundet wieder mit der Bibel, die doch unser aller Schmerz- und Hoffnungsarchiv ist.

Traugott Giesen

Der Schatz

Ich glaube an Gott,
den Vater, den Allmächtigen,
den Schöpfer des Himmels und der Erde.

Und an Jesus Christus,
seinen eingeborenen Sohn, unsern Herrn,
empfangen durch den Heiligen Geist,
geboren von der Jungfrau Maria,
gelitten unter Pontius Pilatus,
gekreuzigt, gestorben und begraben,
hinabgestiegen in das Reich des Todes,
am dritten Tage auferstanden von den Toten,
aufgefahren in den Himmel;
er sitzt zur Rechten Gottes, des allmächtigen Vaters;
von dort wird er kommen,
zu richten die Lebenden und die Toten.

Ich glaube an den Heiligen Geist,
die heilige christliche Kirche,
Gemeinschaft der Heiligen,
Vergebung der Sünden,
Auferstehung der Toten
und das ewige Leben.

Amen

Die Richtung

Man glaubt nicht, wie viel man glauben muss,
wenn man nicht glaubt.

Michael Faulhaber

Wo ist zu meiner Treue der Herr?

Botho Strauß

Das endlose meergleiche Vertrauen,
an das er glaubte,
der Gott, der ihn durchentzückte,
das Leben, das er umarmte.

Robert Walser

Das Licht geht nach und nach über das Ganze auf.

Ludwig Wittgenstein

Mehr konnte Gott nicht tun,
um uns die Angst zu nehmen,
als auf diese grauenvolle Weise
als Mensch für uns zu sterben.

Eugen Drewermann

Ist nicht Ephraim mein teurer Sohn und mein trautes Kind?
Denn ich gedenke oft daran,
was ich ihm verheißen habe.
Darum bricht mir mein Herz gegen ihn,
dass ich mich seiner erbarmen muss,
spricht Gott.

Jeremia 31,20

Der Verlauf

13

Das Ziel

Ich glaube

Ich glaube – ein bis zur Bedeutungslosigkeit verbrauchter, end- und sinnlos wiederholter Satz? Das Glaubensbekenntnis – ein Stück aus dem Museum der Gefühle? Geübten geht es leicht von der Zunge. Andere meinen, ihnen würde etwas Unverdauliches und Sperriges aus dunklen Vorzeiten zugemutet. Auch aus Ehrfurcht lässt man es gerne schweigend vorüberziehen, denn schon dieses «Ich glaube» ist so steil, so enorm, dass Behutsame es eher flüstern, als es volltönend vorzutragen. Die ersten Christen, die dies «Ich glaube» sagten, waren verfolgt und verachtet. Mit diesem Bekenntnis geriet man in tödliche Gefahr. Es war ein Losungswort der Verfolgten, in feindlicher Umwelt hinter vorgehaltener Hand gesprochen, um sich zu vergewissern. Anders wir – wir sprechen es in respektierten Räumen, keinen stört es. Sprächen wir es auf dem Markt, würden wir wohl höflich belehrt, das gehöre doch besser in die Kirche! Aber vor wem bekennen wir da in der Kirche? Bekennen wir voreinander, bekennen wir uns zueinander?

Wiederholen wir das Glaubensbekenntnis, dann verankern wir uns im gemeinsamen Fundament der Christenheit. Wir erkennen uns als Teil der Christus-Gemeinde, als Glied einer Kette, die weit zurück uns auch mit den vorangegangenen Müttern und Vätern des Glaubens verbindet. Der Text zitiert hierbei den gemeinsamen Grund und Boden christlicher Überzeugung. Dabei tut es not, die biblische Überlieferung mit neuen Augen zu sehen.

Der Horizont des Glaubens

Neue Augen

Vielleicht tut es manchem weh, die biblischen Geschichten mit neuen Augen zu sehen. Alles Vertraute ist uns lieb, und manche fürchten, der Glaube stehe auf schwankendem Boden, wenn nicht der Buchstabe der Bibel gehütet werde. Aber wir müssen von einem Verständnis Abschied nehmen, das die Bibel als «Phantom einer fehlerlosen Spruchsammlung» (Karl Heim) ansieht. Sonst kann die Wahrheit der Bibel nicht strahlen. Die Bibel ist von Menschen geschrieben, die mit Gott Erfahrung gemacht haben. Diese Erfahrung ist uns wichtig. Die Zeitbedingtheiten dürfen wir als solche erkennen und deuten.

Aber: die Kirche fürchtete lange, der Glauben geriete ins Wanken, wenn nicht alles in der Bibel gleich wahr und wichtig wäre, zäh widersetzte sie sich naturwissenschaftlichen Erkenntnissen, wenn diese dem Wortlaut der Bibel entgegenstanden. Galileo Galilei wurde der Prozess gemacht, als er behauptete: Die Erde dreht sich um die Sonne. Die Kirche meinte damals, das könne nicht wahr sein. Gott hat soviel Mühe an die Erde verwendet und ist in Jesus Christus selbst auf diese Erde gekommen, wie kann dann die Erde nur ein Planet unter vielen sein?

Auch Charles Darwin wurde zunächst als Ketzer verschrien. Er kam auf die geniale Idee, dass auch die Natur eine Geschichte hat, ja, dass die Natur Geschichte ist, und dass der Mensch erst im Laufe von Millionen Jahren aus dem Tierreich herangewachsen sei. Die Frau jenes Bischofs, der damals erregt gegen Darwin stritt, soll gesagt haben: «Gott, gib, dass das nicht wahr ist. Und wenn es wahr ist, dann lass es nicht bekanntwerden.»

Erkenntnisse, die den Glauben wanken ließen

Die Evolution zählt heute zum Allgemeinwissen. Es bestehen kaum Zweifel an der Stichhaltigkeit der Theorie, dass Mensch und Natur Ergebnis einer geschichtlichen Entwicklung sind. Inzwischen sieht die Wissenschaft das ganze Universum als einen riesigen Prozess, der im Werden und Wachsen ist. Es verschlägt einem den Atem, wenn man sich die Weite und Tiefe des Kosmos vergegenwärtigt. Verstehen wir Menschen uns noch in diesem unermesslichen Prozess? Wenn man nicht dumm bleibt, kommt man ins Grübeln. Ist der Mensch nicht völlig heimatlos in diesem Riesenkosmos? Ist das Leben vielleicht nur eine vorübergehende Laune der Natur? Es ist zum Verrücktwerden oder zum Frommwerden. Vielleicht ist der christliche Glaube wichtiger als jemals zuvor, weil wir sonst abstürzen ins Nichts.

«Ich glaube an Gott, den Schöpfer des Himmels und der Erde.» Das kann lebensrettend werden, wenn man vor lauter Kenntnissen nichts mehr versteht. Aber, damit der Glaube es mit dem Wissen aufnehmen kann, muss der Glaube das Wissen aufnehmen.

Die Naturwissenschaft erforscht, was messbar und zählbar ist: die Welt der Dinge. Aber Gott ist kein Gegenstand. Darum stößt die Wissenschaft auch nicht auf Gott bei ihren Forschungen. Sie kann ihn nicht beweisen, sie kann ihn auch nicht widerlegen. Die Naturwissenschaft untersucht die Natur. Aber auch die erforschte Natur bleibt für den Glauben Schöpfung. Die Herkunft des Menschen aus dem Tierreich widerspricht jedenfalls nicht dem Schöpfungsglauben. «Von Lehm genommen» unterstreicht geradezu die materielle Verwandtschaft des Menschen mit der Natur. Nur – es bedurfte besonderer Zuwendung Gottes, dass aus der Natur ein geistbegabtes Wesen erwuchs, das sich – anders als seine Mitgeschöpfe – seiner selbst bewusst wurde. Trotzdem: drei Erkenntnisse konnte der Glaube nicht verkraften. Der Glaube würde ersticken, wenn sich erweisen würde: Der Kosmos ist eine ewige Wiederholung; alles ist Zufall; der Geist ist das Produkt der Materie.

Immer das Gleiche

Wäre die Welt eine Maschine, ein unendlich gleichlaufendes «perpetuum mobile», das die immer gleichen Abläufe ohne Abweichung, ohne etwas Neues starr und stetig wiederholt, dann wäre die Welt allein. Ob sie einen Schöpfer ganz am Anfang gehabt hätte oder nicht, wäre unerheblich. Wenn alles festgelegt wäre, wenn alles wie auf Gleisen laufen würde, dann wären Freiheit und Nächstenliebe Illusion. Dann wären auch wir Menschen Automaten, wären Marionetten. Aber gerade von der Naturwissenschaft kommen wichtige Argumente, dass die Welt ein Werdendes ist, etwa vergleichbar mit einem Baum, der immer voller wird mit zunehmender Verästelung. Wir müssen keine Kenntnis davon haben, wie der letzte, der jüngste Tag des Kosmos aussehen wird. Aber dass die Schöpfung vollendet und heil wird, «wenn Gott sein wird alles in allem» (I. Korinther 15,28), das dürfen wir wunderbarerweise hoffen. Statt der ewigen Wiederholung des Gleichen glauben Christen an Wachsen und Vollendung, glauben Geschichte nicht als Rad, sondern als Weg.

Alles Zufall

Es würde den Glauben auch erschüttern, ließen sich Beweise vorbringen, dass alles in der Welt nur blinder Zufall sei: Der Kosmos ein schöner Unsinn, das Leben eine willkürliche Mischung, der Mensch nur eine Spielerei der Natur. Der Naturwissenschaftler Jacques Monod beschreibt, wie verlassen sich der Mensch in diesem kosmischen Würfelspiel des Zufalls fühlen müsste: »Der Mensch weiß nun, dass er seinen Platz wie ein Zigeuner am Rande des Universums hat, des Universums, das für seine Musik taub ist und gleichgültig gegen seine Hoffnungen und Leiden und Verbrechen. Der Mensch weiß endlich, dass er in der teilnahmslosen Unermesslichkeit des Universums allein ist, aus dem er zufällig hervortrat.« Wenn das die Wissenschaft beweisen könnte, dann wäre unser Glaube an Gott nur ein Akt der Verzweiflung. Aber die Wissenschaft hat Wunderbares aufgedeckt: Sie hat Prinzipien und Regeln gefunden, so genannte «Naturkonstanten», die der Schöpfung innewohnen und eingegossen sind. Von Beginn an ist der Kosmos so eingerichtet, dass er Leben hervorbringt, Leben von immer komplizierterer Art.

Warum tut das tägliche Brot uns gut, warum können wir es aufnehmen, Kraft daraus ziehen und es verdauen? Weil das Korn aus einem Stoff besteht, der dem unseres Leibes verwandt ist. Die Eignung einer Substanz als Nahrung setzt voraus, dass die Bausteine dieser Substanz identisch sind mit denen des Organismus, der sich von ihm ernährt (Hoimar von Ditfurth).

Es ist schon erstaunlich, dass die Naturwissenschaft dem Glauben Nahrung gibt zum Staunen und Dankbarwerden. Aber wem danken? Dem Korn? Das Korn muss wachsen, es *muss*. Ich kann also nicht dem Korn danken, ich muss für das Korn danken, für den guten Zusammenhang muss ich dem danken, der Treiber dieses Werdens ist.

Wer ist der Treiber der Evolution? Wer treibt die Evolution vom Urknall bis zur Vollendung, vom Wasserstoff bis zum heutigen Menschen und darüber hinaus? Wer malt das Gemälde der Schöpfung, bis es vollendet ist?

Geist – eine Erfindung der Materie
Das zielt auf den dritten Grenzfall: Ist alles Materie? Wer, was treibt die Entwicklung der Welt?

Es gibt Forscher, die der Materie alles zutrauen. Das klingt dann mit Worten von Konrad Lorenz so: «Die großen Konstrukteure des Artenwandels sind Variation und Selektion.» Aber die großen «Konstrukteure», Vielfalt und Auswahl, sind doch nur die Methoden, durch die Verwandlung geschieht. Nicht Vielfalt und Auswahl konstruieren. Das wäre genauso, als ob das Kochen das Essen machte. Dabei ist doch das Kochen nur der Werdegang für die Mahlzeit. Nicht das Kochen kocht das Essen, sondern der Koch. Wer kocht, wer treibt die Evolution vorwärts?

«Die Evolution ist kein verständiges Wesen», sagt Immanuel Kant und erinnert daran, dass unsere Sprache manchmal ungenau ist. Wir sagen: «Du hast dich gemacht», und meinen: «Du bist groß geworden und einsichtig.» Aber wir reden so, als sei der junge Heranwachsende der Macher seiner Entwicklung. Leichthin sagen wir: Der Mensch habe sich entwickelt. Aber sind wir nicht eher Produkte, ja Blüten am Baum des Lebens, nicht Macher, sondern Hervorbringungen? Wer entwickelt das Leben mittels Energie und Materie? Der Geist? Ein Urwille? Gott sprach: «Es werde Licht, und es ward Licht.» So beschreibt die Bibel, dass der Wille Gottes alles Material werden lässt. «Alle Dinge sind Liebe Gottes, in Dinge verwandelt.» Das Pathos der Dinge verkündet!

So sagt es Ernesto Cardenal. Und Gerhard Ebeling fragt: «Ist nicht die Natur in ihren makro- und mikroskopischen Strukturen, ihren Regelmäßigkeiten und ihren Empfindungen und Gestaltungen ein einziges Geistgeschehen?» Wir Glücklichen, wir Begabten können einen Hauch dieses Geistes wahrnehmen. Aber unser Gehirn ist nicht der Produzent von Geist, sondern nur das Empfangssystem, das Geist aufnimmt. Darum haben wir auch nie die Wahrheit, sondern höchstens sie uns; nicht wir haben Geist, sondern Geist betreibt uns, mal mehr, mal weniger.

Das wäre auch eine Erklärung dafür, warum der Mensch religiös ist. Eben weil der Geist Gottes uns treibt, nach ihm zu fragen. Darum könnte es auch wichtiger sein, über Gott zu stammeln als über Dinge exakt zu reden (Karl Rahner). Oder mit den Worten des Biochemikers Chargaff: «Hoffnung und Sehnsucht sind für das menschliche Leben wichtiger als der genetische Code.»

Die Wissenschaft lässt dem Glauben Raum genug. Und es gibt nicht wenige Wissenschaftler, die davon überzeugt sind, «dass göttliche Liebe uns den Schlüssel zur Wissenschaft anvertraut» (Rimbaud).

Mein und dein Horizont

Das Glaubensbekenntnis beginnt mit dem Wort «Ich». Warum? Der Glaubensgehalt ist uns doch gemeinsam gegeben. «Die frohe Botschaft» muss ja ihrem Wesen nach der Erfahrung aller offenstehen, allen zugänglich sein. So benennen wir mit den alten Worten der Kirche die Grundlagen christlichen Glaubens, und es könnte auch heißen: wir glauben... Aber die Tendenz geht schon hin zum einzelnen Ich. Beherbergt in Überlieferung, darf, kann, soll ich, erste Person Einzahl, sagen, was mir zu glauben lebenswichtig ist. Ich, ohne Vormünder und Vorsager, ohne mich im «Wir» des Chores zu verstecken, ich beglaubige mit meiner Person: Du, ich bekenne mich zu diesem Glauben. Damit vergewissere ich mich meines Hintergrundes, meines Weltbildes, das nicht ich habe, sondern umgekehrt: das mich hat. Es ist das Koordinatenkreuz, das mich orientiert; der überkommene und übernommene Hintergrund, vor welchem ich zwischen wahr und falsch unterscheiden will.

Er ist mir vorausgesetzt und vorgedacht. Ich setze nur nach, ich denke nur nach. Aber ich stehe dazu, dass mir dieser christliche Glaube eingeprägt ist. Ich halte daran fest: Gott ist da, die Welt ist Schöpfung, Jesus Christus ist das gültige Muster wahren Menschseins, und ich stehe dazu, dass in mir Sehnsucht ist nach Heiligem Geist, nach Vergebung und dem ewigen Leben. Und ich behaupte noch, dass dies das Hintergrundwissen aller Menschen ist, wie verblasst oder gegenwärtig, wie verschlüsselt oder offenkundig auch immer.

Das Gegenteil von ungefährem Wissen

In der Alltagssprache ist die Bedeutung von «glauben» verwischt. «Wie viel Uhr ist es», fragt einer. «Ich glaube, viertel vor drei», antwortet der Gefragte. Da meinen wir ungefähres Wissen über feststehende, jedenfalls feststellbare Tatsachen. Ursprünglich und echt treffen wir das Wort «glauben» im Zusammenhang von «Treu und Glauben». Wenn ich einem «auf Treu und Glauben» mein Auto leihe, dann verlasse ich mich auf ihn, ich schenke ihm Vertrauen. Das heißt, ich muss mich nicht erst versichern, ob dieses Vertrauen auch gerechtfertigt sei. Ich bestätige, dass Freundschaft vorhanden ist und traue ihr. Ich biete Vertrauen, weil es mir geboten scheint. Und ähnlich ist das Glaubensbekenntnis gemeint: «Ich glaube», heißt: ich vertraue auf, ich gehöre zu, ich finde es für mich geboten und angemessen, an Gott zu glauben. Sage ich: «Ich glaube an Gott», dann finde ich mich wieder, ich orte mich, ich vergewissere mich meiner Wurzeln, ich rufe mich vor Gott hin als den Halt meines Daseins, als die Leinwand, auf der mein Dasein vorkommt.

Ich suche nicht Gott, sondern mich in ihm

Die Philosophen mögen von der Suche nach Gott sprechen. «Aber das ist, wie wenn man von der Suche der Maus nach der Katze spräche. Wir sind auf der Flucht, und es wird uns auf die Dauer nicht gelingen. Es wird uns zu unserem Glück nicht gelingen» (Helmut Gollwitzer). So ist das wohl. Ja, es gibt Spätheimkehrer des Glaubens, die werden vielleicht erst durch den Tod heim- und eingeholt in die Zuflucht Gottes. Aber ist nicht jeder denkende Mensch vertrieben aus der fraglosen Gläubigkeit der Kindertage? Wir haben die Welt kennen gelernt, sie auch in ihrer Zerrissenheit fürchten gelernt, und manches Gesicht und viele Seelen sind zerfurcht von Elend und Angst. Und deshalb ist die Freudenbotschaft des christlichen Glaubens, dass der allmächtige Gott das Leid der Welt am eigenen Leib trägt, erschreckend und wunderbar. Die Tränen, die geweint werden, sind Fruchtwasser, in Gott geweint. Und jedes Unrecht ist der Rede wert, weil darin der Allmacht etwas entrissen wird. – Weil das Böse ist, ist Gott nötig. – Ohne die Hoffnung, dass Gott ist, müsste man verrückt werden.

Gott denkt sich uns aus

Sigmund Freud hält den christlichen Glauben für Illusion: «Es wäre ja sehr schön, wenn es einen Gott gäbe als Weltschöpfer und gütige

24

Vorsehung, als sittliche Weltordnung und ein jenseitiges Leben, aber es ist doch auffällig, dass dies alles so ist, wie wir es uns wünschen müssen.» – Ja, wir müssen uns Gott wünschen – aber das ist doch nicht unsere Erfindung, sondern dieses Wünschen hat uns erfunden, dieses Wünschen, diese Sehnsucht nach Gott hat uns menschlich gemacht. – «Gott hat uns die Ewigkeit ins Herz gelegt», so sagt es der Prediger in der Bibel (Prediger 3,11). Nicht wir bilden uns Gott ein, sondern Gott bildet sich uns ein. Er denkt sich uns aus.

Weil wir so gepolt sind, darum kränkt uns eine Wirklichkeit, die künstlich gegen Gott abgedichtet ist. Leisten, kaufen, verbrauchen, darüber reden, beinhart Positionen erkämpfen, Maloche – und zum Ausgleich Action, Reize, Tralala. Viele fallen in Depressionen oder der Vorhang zieht sich hinter Psychosen zu. Wirklichkeit ohne Glaube, Liebe, Hoffnung muss unglücklich machen. Und dass diese verschattete Welt auch bis in die Kirche reicht, sich niederschlägt in kraftlosen Gottesdiensten und hilflosen Seelsorgern, wer wüsste es nicht.

Aber darum ist dies «Ich glaube» lebenswichtig! Nicht als Kopfglaube, der das Herz kalt lässt und zum Hochmut der Kenner, der Glaubensbesitzer und -verwalter verführt, nicht als entmündigende Verpflichtung, als sei die Frohe Botschaft ein Sortierraster für Rechtgläubige, nicht Glaube als gutes Werk, die richtige Meinung über Gott zu haben. Sondern ich sehe mich vor Gott, ich verlasse mich auf Gott, ich gehe weg von mir als Einsamem.

Und wenn du das Glaubensbekenntnis nur als Ahnung bei dir hast, die dich nicht tröstet, aber doch begleitet und befragt, einmal kann dir gewissmachendes Wissen aufgehen, du musst nicht mehr Besinnung verhüten, du kannst dir auf die Spur kommen!

Ich glaube an Gott, den Vater

Bilder für unsere Erfahrungen

Allen Informationen vorweg ist uns ein Wissen von Gott mitgegeben. Erfahrung von gutem Ganzen trägt schon das kleine Kind. Es malt Gott als den Gärtner, der die Blumen aus der Erde zupft. Dass wir Kinder Gottes sind, wissen wir. Wir kommen nicht leer zur Welt. In unserer Seele ist ein Code, mit dem wir das uns Umgebende entziffern. Wir suchen hier Heimat, wo wir uns nicht erklären müssen, sondern anerkannt sind, bekannt sind eben als «Kinder Gottes».

Der erste Satz des Glaubensbekenntnisses bewahrt das Urwissen aller Menschen. Es kann verloren gehen, wenn der Widerstand der Welt uns kränkt bis zur Fremdheit. Wir erscheinen uns dann als Waisen, als verlassen und ausgesetzt auf einem fremden Stern. Aber die Sehnsucht, wieder erkannt zu werden, treibt uns, bis wir sterben. Wir müssen zu Größerem gehören, um uns zu gehören. Die Tiere sind eins mit ihrer Umwelt. Wir Menschen haben diesen Naturinstinkt nicht mehr. Wir haben Religion: das Vertrauen, von einem Gutenganzen gut gemeint zu sein. Wer ist aber der, der meines Vertrauens würdig ist: Die Suche nach Gott ist die Substanz des Humanen. Noch im Hunger nach Brot suchen wir mehr als Kalorien, suchen die Bestätigung, dass das Leben mich will.

Wenn Hungernde für das gereichte Brot danken, segnen sie den Spender als Bürgen des Zusammengehörens. Welche Bilder, welche Titel können etwas Wahres von diesem zusammengehaltenen Gutenganzen vor uns stellen? Selbst abgegriffene Bilder und Namen sind kostbar. Transportieren sie auch keine Energie mehr, so sind sie immer noch als Antworten zu lesen auf unsere noch drängende Frage. Sagt uns der Titel nichts mehr, so ist er doch Spur einer riesigen Erfahrung, die auch unseres Aufhebens wert ist, selbst wenn die Spur ausgetreten ist.

Abgegriffene Bilder

Es gibt leere, abgegriffene Bilder für Gott, aber auch solche, die immer noch Energie mitführen. Manche der üblichen Gottesbilder sind wie alte Uhren, schön anzuschauen, aber die Zeit messen wir mit Quarzautomaten. Wir bewundern das grandiose Bild Michelangelos in der Sixtinischen Kapelle: die Erschaffung Adams. Gott erscheint hier, wie ihn die Renaissance gedacht hat, als kraftvoll herrschaftlicher Mensch. Und doch spüren wir: Gott ist eher Geist, grandiose Energie, universale Kraft. Auch das Sinnbild vom Schicksalslenker ist fragwürdig, weil ja aus zahllosen Strängen ein Ergebnis zusammengefügt ist und wir die Hände gehörig mit im Spiel haben. Auch der «Herr der Heerscharen» ist uns verloren, seit Engelwelten uns verwaist sind und Thronsaal und Hofstaat keinen Raum mehr haben. Und «König» gibt uns Demokraten kaum Kraft. Aber da ist in unserer Seele ein anderes Wort bewahrt.

Letztgültige Adresse für Dank und Klage

In der Muttersprache unserer Seele ist Gott «Vater», mütterlicher Vater, also weit mehr als Schöpfer, biologischer Erzeuger aller Kreaturen oder Kraftfeld. Ehe Israel Gott als Schöpfer bekannte, hatte dieser sich als «Jahve», als «Ich werde für euch da sein» bekannt gemacht (2. Mose 3,14). Es spricht viel dafür, dass erst die verlässliche Behütung, die Israel von Gott erfuhr, die Rolle des irdischen Vaters, der Mutter prägte, vom Herrn und Gebieter hin zu behütenden, zärtlichen Eltern. Jedenfalls hat Jesus Gott »Vater« genannt, ja «abba», lieber Vater (Markus 14,36; Römerbrief 8,15): der Verantwortliche, der fürsorglich Wissende. Jesus spannt Gott aus als umfassenden Schutz und Schirm, als letztgültige Adresse für Dank und Klage.

Vielleicht ist der Titel «Vater» verdorben für viele von uns. Aber trotz und wegen aller unzulänglichen irdischen Väter und aller blutigen Gewalt dieser Wirklichkeit bleiben wir ausgestreckt auf ein Bewahrendes und Bergendes, dessen wir alle bedürfen. Wir sind angewiesen auf ein großes Du, das mir Sein gibt, das mich will.

Will man männliche und weibliche Begabungen des Menschen unterscheiden, so hat der Gott des Jesus viele mütterliche, frauliche Qualitäten. In der Geschichte vom verlorenen Sohn (Lukas 15,11 ff.) schildert Jesus Gott voller weiblicher Züge: Der Vater geht dem Sohn entgegen, fällt ihm um den Hals, küsst ihn, kleidet ihn ein, steckt ihm einen Ring an, rüstet die Tafel, versöhnt die Brüder.

Dass wir «Vater unser» und nicht «Mutter unser» beten, ist Überlieferung, ist nur lange Tradition aus patriarchalischen Zeiten, nicht Notwendigkeit. «Vater» hat in Jesu Sprache nichts mit Mann zu tun, sondern mit bergendem Lebensgrund.

Ich sehe Gott als die schöpferische Energie in der Rolle des Vaters. In der Rolle des Sohnes (es könnte genauso gut die Tochter sein) stiftet er uns zu vertrauendem, geschwisterlichem Leben an, in der Rolle des Heiligen Geistes macht Gott uns ihm ähnlich, begeistert uns. «Vater der Barmherzigkeit und Gott allen Trostes», nennt Paulus im 2. Korintherbrief 1,3 den Grund, das Herz aller Dinge. Dass uns Liebe möglich ist, gründet tiefer als in behaglicher Empfindung. Zuneigung gelingt auch zum Nichtfaszinierenden. Das könnte davon herkommen, dass wir offene Enden der Liebe, der Barmherzigkeit Gottes sind.

Die einzige Nennung der Bibel, die Gott substantiell fassen will, heißt: «Gott ist die Liebe» (1.Johannesbrief 4,16). Wem die wunderbare Ordnung der Natur nicht Zeichen für die Existenz Gottes ist, dem könnte das Wunder der Liebe Einladung zum Glauben sein. Dass du, ich manchmal mitleiden können, ist grandios. Wie viel Liebe ist auf dich schon verwandt worden? Wie viele Fehler sind dir verziehen worden, zu wie viel Güte warst du schon fähig? Dass Liebe in der Welt ist, kann alle objektive Wissenschaft nicht fassen. Wenn Gott beschlösse, den Strom des Erbarmens abzuschalten, käme es zur kosmischen Eiszeit (U. Eco). Alles lebt von diesem Gutenganzen, ob wir's wissen oder nicht.

Tot ist der Götze

Gott ist nicht tot, aber der Abgott, der Götze, der drohende Patriarch, dem man zu dienen hat, der zornige Vater, der mit der Zuchtrute droht, jenes von Menschen in den Himmel gehobene Monstrum, mit dem man seine fromm getarnten Geschäfte macht: Stehst du mir bei, dann spende ich dir eine Kerze; du sicherst uns den Sieg im Krieg, und wir bauen dir einen Dom, rufen dann die Buß- und Bettage aus. Schon Hiob hat diesen Gott für tot erklärt. Bei Amos (5,23) spricht Gott: «Das Geplärr eurer Lieder und Gebete gefällt mir nicht.» Bei Hosea (6,6): «Ich habe Lust nicht am Opfer, sondern an der Liebe.» Und Jesus nannte die Verwalter des frommen Tauschgeschäfts «getünchte Gräber» (Matthäus 23,27). Unsere Belohnungskrankheit hat mit diesem Götzen immer wieder spekuliert, von der Kindererziehung bis zum Staat, von «der liebe Gott sieht alles» bis zum Eid beim Soldatengelöbnis. Martin Heidegger sagt: «Gottes Größe haben wir Menschen ausgerechnet nach der Kleinheit unseres Belohnungsbedürfnisses.» Erst wenn wir diesen Moralgötzen aus unserem Kopf verbannt haben, ist Raum für den wahren Gott. Gott leugnen, das köpft unser Denken. Lass dich nicht hinreißen zu dieser Verzweiflung. Sondern fasse neues, erwachsenes Interesse an biblischem, christlichem Glauben.

Nur zu glauben, was ich sehe, ist auch eine Art Glauben: ich muss die Vorgabe akzeptieren, dass mein Sehfeld das Ganze ist. Das führt zur Frage, ob z.B. das Weltbild der Zecke, die ja nur warm/kalt bzw. Schweiß ja oder nein merkt, falsch ist. H. von Ditfurth sagt: «Das Weltbild der Zecke ist nicht falsch, aber eng.» Das Weltbild, das uns Menschen entspricht, braucht «so was wie Gott». Ohne dies wären wir noch auf viel mehr Gläubigkeit angewiesen. «Statt dass wir von uns verlangen, an Gott zu glauben, müssten wir verlangen, nicht an unser Bewusstsein zu glauben, an unsere Gefühle, an unsere moralischen Empfindungen» (U. Updike).

Dass Gott ist und uns väterlich-mütterlich zugewandt ist, vernehmen Menschen auf verschiedenen Frequenzen. Starke Einstrahlung auf unseren Geist hat der Leuchtfeuermensch Jesus. Seine Erfahrungen mit Gott eröffnen bis heute Zuversicht, die dann ähnliche Erfahrungen aus eigener Wahrnehmung wachsen lassen.

Jesus hat in der Taufe seine Berufung gehört: «Du bist mein lieber Sohn» (Markus 1,11). So steht er für Gott ein, ist dessen Zeuge, Garant seiner Liebe. Christen glauben an Gott im Namen Jesu. Nicht die Rettung Israels aus Ägypten, nicht die Gebote vom Sinai, auch nicht die Weltschöpfung ist ihnen der verlässliche Grund, sondern eben dieser bestimmte Mensch. So verfallen viele berühmte Titel, und wie ein neuer Schöpfungstag zündet in unseren Hirnen der Ausruf: «Gott und Vater unseres Herrn Jesus Christus» (1. Korinther 15,6). Gott ist das Heilmachen, das Erleiden, das Lösen aus Angst, wie es in Jesus Hand und Fuß gewonnen hat und unter uns sich immer wieder zuträgt.

Jesus – der Sohn des himmlischen Vaters: dieser Titel ist wichtig, weil er auch unser Verhältnis zu Gott definiert Er ist der Erstgeborene und wir seine Brüder und Schwestern (Römerbrief 8,29). Also sind wir auch Söhne und Töchter Gottes; nicht nur von Herkunft, sondern von Bestimmung her.

Mir hilft das Glaubensbekenntnis, mich eingewebt zu wissen im guten Zusammenhang. Hundertmal sprechen wir es mit und benennen es nur: Aber einmal bekennen wir. Ich werde mir bekannt als vor und in Gott lebend. Fortan zieht eine zweite Tonspur durch mein Leben. Zu den Erfahrungen der Sinne hinzu sagt mir eine Stimme, mal stärker, mal schwächer: Gott ist, ist auch für mich. Dann kann uns Dankbarkeit überschwemmen schon beim Genießen eines Butterbrotes, und du gehst im Menschenstrom als würde dich das All umarmen. Und du redest mit einem Fremden als wärt ihr von immer her schon Geschwister, und du wirst einmal von dieser Erde gehen mit Hoffnung: Nie sehen wir uns zum letzten Mal.

Ich glaube an Gott, den Allmächtigen

«Allmächtiger»! Das ist wohl der bedrohlichste, befremdlichste Titel, den wir Menschen dem Geheimnis der Welt auferlegt haben. Aber er ist ein Hoffnungstitel, ein Verpflichte-Schrei! Er ist nicht aus theologischer Mathematik entworfen, sondern ist ein Rufwort. «Allmächtiger» ist der Herbeiruf ins Entsetzliche, ins Unerträgliche. Wenn wir so rufen, sind wir ohnmächtig, zerdrückt, geknickt, sind nur noch bedürftig. Gegen uns ballt sich Macht zusammen, die kaltes Grausen ist, wenn nicht, ja, wenn nicht darin Gott kommt.

In «Jenseits von Afrika» weckt der Hausknecht die Tanja Blixen – als die Feuersbrunst dicht vorm Haus steht: «Gott kommt» – Verhängnis, Leid, Katastrophe kann so auslöschend über uns kommen, dass uns von Gott nur Klauen und Zähne und Gas und Krepieren bleiben. Woran verhungern, erfrieren, ersticken Menschen letztlich? Es ist Mangel an Lebensmöglichkeit, oft genug von Menschen provoziert. Menschen lassen Menschen verhungern, auch wir durch unser Untätigsein. Die Jämmerlichkeit, mit der wir durchschnittlich etwas für «Brot für die Welt» tun, ist exakt Verhungernlassen. Und doch war es Gottes Kain, der Abel erschlug. Gott ist mit schuld an Kain. Die letzte Verantwortung für unser Morden lässt Gott sich nicht nehmen. Auch die missbrauchte Macht steht zumindest unter Gottes Gewährenlassen. Das ist zum Fürchten. Aber es ist auch die einzige Hoffnung.

Dietrich Bonhoeffer, einer der wenigen evangelischen Märtyrer unter Hitler, sagte einmal: «Wenn ich nicht wissen dürfte, dass ich auch unter den Fäusten der Gestapo in Gottes Hand bin, wüsste ich nicht weiter.»

Alles im Kraftfeld des Einen

«Allmächtiger», das hält die Hoffnung fest, alle Macht sei nur ein Haufen Späne, die unweigerlich im Einflussbereich eines Großenganzen sind. Alle Bedrückung, alle Gewalt, alle Liebesenergien und Hasspotentiale werden hingeordnet auf ein Ziel. Wie Eisenspäne durch einen Magneten zur Struktur gezwungen werden, so alle Partikel Macht. Von der Ohrfeige bis zur Geburt und zum Tod und zum Erkalten der Sonne: letztlich nicht isolierte Energie, sondern Welle, Bewegung, Regung der einen zentralen Macht, die durch den Code Jesus Christus entschlüsselt ist als tiefverborgener liebender Wille. Und du, ich, wir sind dessen Depots.

Dein, mein Selbst, mein von Gott beleuchtetes Ich, eingespannt vom liebenden Willen.

Doch viele Widerstände entkräften diese Beziehung. Ein Mensch in meinem Leben kann alle meine Liebe aufsaugen und mich zum Anhängsel seiner Ich-Ich-Ich-Sucht machen. Eine Gier kann mich zum Automaten meiner Triebe herunterwirtschaften. Eine Sucht kann mich besetzt halten, mich besessen machen, und das große Leben verengt sich mir zu einem Spalt: Heroin, Alkohol, Geld, Ehre.

Durch viele Widerstände entkräftet ist uns die Beziehung zwischen innerstem Ich und dem liebenden Willen. Du, ich, gewollt, getrieben, beatmet, befruchtet, begabt, bewirkt von Gott; du, ich ins Leben gerufen, in den neuen Tag auferweckt, zur notwendigen Tat heranzitiert; gerufen, zwischen gut und böse zu unterscheiden; du, ich, vor die Wahl gestellt, als wer ich mich zu erkennen gebe in Tat oder Untat.

Und der uns von einem Atemzug zum andern ins Dasein hält, der ruft uns, da zu sein vor ihm. Dem liebenden Willen antworten mit mir selbst, das ist Dasein, menschlich.

Diese Wirkweise des liebenden Willens ist sanft, ist leise wie das Wachsen eines Kindes, eines Baumes. Dass dir, mir die Welt als du, als Heimat, als Freundschaftliches aufgeht, dass der Nächste mir zum du wird, ist ein Geschehen wie Sonnenaufgang. Ich kann ihn mir zustellen mit Jalousien. Wie ich mich der Sonne verschließen kann und anderen die Sonne verdecken kann, so kann ich mich der Wirkkraft des liebenden Willens entziehen, mich und andere. Gott zwingt uns nicht, das ist seine Härte.

Wir können uns für gottlos halten, wir können uns sogar für Gott halten.

Es ist zum Grausen, wessen wir Menschen fähig sind. Männer, die ihre Kinder vergewaltigen, Frauen, die ihre Töchter in Schach halten. Immer gibt es irgendwo auf der Welt Krieg. Hass... lodert. Keine Partei wagt ein Stück Vertrauen.

Im Kleinen wie im Großen soviel Grausen. Wie wir uns gegenseitig Angst einjagen! Wie wir uns mit Angst kleinhalten! Wir versuchen, uns Angst zu ersparen, indem wir bei anderen Angst erzeugen und erklären diese Verdunklung noch für normal. Angst zersetzt die Wirkkraft des liebenden Willens. Uns muss doch ein Teufel reiten.

Jeder hat das schon erlebt, dass er sich von allen guten Geistern verlassen sah. Immer haben wir Einflüsterungen guter Gründe parat, wenn wir uns Lust beschaffen zu anderer Leute Last. Aber jeder, wenn er aufwachte, wenn er aufgeweckt wurde aus dieser Illumination des Bösen, sagt: Das habe ich nicht gewollt.

Vom liebenden Willen können wir so abgetrennt sein, dass eine böse Macht im Spiel sein muss. In der Geschichte der Menschheit ballen sich die Erfahrungen mit dem Bösen unter eigenen Namen und Gestalten: Diabolos – Durcheinanderwerfer, der Satan – der Verkläger, die Böse Macht. Auch in der Bibel wechseln die Begriffe. Jesus sagt: «Der Feind». Paulus sagt sogar mal: «Der Gott dieser Welt» (2. Korinther 4,4).

Die Urgemeinde hat uns eine Geschichte überliefert, die Jesus im Kampf mit dieser bösen Macht zeigt (Matthäus 4,1 ff.). Aber ganz sicher ist da keine Teufelsfigur der Gesprächspartner des Jesus. Dann hätte es Jesus leicht gehabt, nein zu sagen. Wenn man weiß, das ist der Teufel, kann man kaum ja sagen.

Wenn da wirklich einer mit Schwefelgestank gestanden hätte oder wie auch immer, dann hätte Jesus es wirklich leicht gehabt, ihn abzuweisen. Aber es gibt Lockungen vom guten Gott weg. Diese Lockungen, nicht einen personifizierten nackten Versucher, gilt es wahrzunehmen. Hast du dich teuflisch erlebt? – das ist deine, meine Frage.

Jesu und unsere Versuchungen

Eine Versuchung ist: Wie kann ich als Kind Gottes Mangel leiden? Wie kann Gott zulassen, dass ich ...? Und jetzt kommen unsere Klagen? Jesus hält den Hunger aus. Er entzieht sich nicht durch Gewalt diesem Mangel. Er lässt nicht seine Beziehungen spielen, er pocht nicht auf Privilegien, holt nicht einen dicken Scheck heraus. Er sieht sich durch Gottes Wort am Leben gehalten, durch Hoffen auf ihn, und kann widerstehen.

Und die andere Versuchung: Spring vom Tempel! Gott wird dich auf Händen tragen! Aber Jesus will nicht Gott zu Wundern zwingen. Das ist doch unsere Sehnsucht, dass Gott sich uns eröffnet. Autorasen, extreme Bergsteigerei, mit jedem Griff in Gottes Hand. Auch wenn wir etwas tun, das keine irdischen Mitwisser erträgt, so hoffen wir, dass Gott die Hand dazwischen hält, kalkulieren mit Gottes Schutz. Jesus will sich nicht in eine Lage bringen, in der Gott sich genötigt sähe, einzuspringen gegen den normalen Lauf der Dinge.

Und die dritte Versuchung, der Jesus widersteht: Bete mich an, und ich gebe dir die Macht über die Welt. Das Böse als Mittel für gute Zwecke einsetzen ist verlockend. Aber man kann das Lied der Wahrheit nicht auf dem Instrument der Gewalt spielen. Das legt Jesus klar. Alle Macht, die zwingt, statt Übereinkunft zu erlangen, hat den Teufelskern der Rache in sich. Jesus verweigert den Kniefall vor dem Bösen. Du sollst allein Gott, den liebenden Willen, anbeten. Und da klärt sich die ganze Welt. Die meisten Probleme sind mit einem einfachen Nein zu bereinigen. Da verließ ihn der Teufel, und die Engel dienten ihm. So fasst die Urgemeinde Jesu Entscheidungen zusammen.

Gott ist mit dem Bösen noch beschäftigt

Kein Zweifel, es gibt die Macht des Bösen, den mächtigen Sog zu Verzweiflung, Gewalt und Lüge hin, dämonisches Verdrehen der

Wirklichkeit. Wollt ihr den totalen Krieg? Ein ganzer Sportpalast tobte und brüllte tausendfach ja. Wir haben es erlebt, die anderen können es nachlesen. Und die fanatisierten Menschenmassen im Nahen Osten. Und Hunger harrt neben unsäglichem Protz. Da sieht man die Welt des liebenden Willens untergehen und das Reich des Satans real existieren. Auch wir Normalmenschen können uns das Leben zur Hölle machen und spüren, etwas zwingt uns zum Niedrigen.

Und dagegenan gilt es zu bekennen: Ich glaube an Gott, den Vater; den Allmächtigen. Im Bild gesprochen: Das Böse ist kein Gegengott, sondern es ist Gottes Schatten – im alten Weltbild gesagt: der Teufel als Ankläger in Gottes Hofstaat, mit Kompetenzen ausgestattet, die Menschen zu belügen und sie zu bedrücken, aber unter Gottes Regieren. Das Allwort «Allmächtiger» behaftet letztlich Gott mit all dem Bösen, Schlechten, Zerstörenden, dessen wir Menschen gegeneinander fähig sind.

So ist Gott mehr als nur gut. Gott ist der Ganze, der Heilige. Gott ist mehr als nur das, was uns als gut aufgeht. In den Urworten der Menschheit klingt das noch an. «Alles» – und wenn etwas «alle» ist. Alles und alle, also auch das Leere, gehören mit zum All. Das All umschließt auch das Leere. Und das lateinische Wort «deus» für Gott, das französische «dieu» geht auf das Sanskrit-Wort «deva» zurück, englisch «devil», deutsch «Teufel» (Jean Gebser). Gott umschließt auch das Dunkle, auch den Tod, auch das Böse.

«Nichts kann uns scheiden von der Liebe Gottes, weder Fürsten, Mächte, Gewalten, Leben, Tod, Gegenwärtiges noch Zukünftiges» (Römerbrief 8,38 f.): Das glauben, darin sich bergen, darin sich wurzeln. Alles, auch das Schmerzliche und das Schwarze glauben als eine Schicht in Gottes Schöpfung, auch den Tod als Gottes Kreatur glauben und den Tod darum nicht instrumentalisieren zu menschlichen Zwecken: das würde heilen.

Glauben an Gott, den Allmächtigen, das rückt dich und mich auf einen Platz im Leben, der wie ein Berggrat zur Wasserscheide werden kann: An dir, mir scheiden sich Gut und Böse. An Gott, den Allmächtigen, glauben, das schließt ein, dass wir uns, ich dich und du mich als Funken der Liebe glauben. Und dass wir die Angst, die soviel Böses in der Welt aufhäuft, ein Stück eindämmen. Wir, du, ich, sind erleuchtet, einander Teufel auszutreiben und das Böse ein Stück zu entkräften.

Unter dem Messer des Chirurgen in Gottes Hand

Dass ich unter dem Messer des Chirurgen in Gottes Hand bin, will ich glauben, also auch inklusive Fehlgriff, Irrtum und Fahrlässigkeit. Anders wäre es das Chaos. Taten aus Nichts zum Nichts, belanglos, wert, gleich vergessen zu werden. Gewicht und Würde für jede Einzelheit besorgt der Glaube, dass alle Taten die Wirkungen eines Großenganzen sind mit Spielraum für Kleines und Kleinstes. Das aber offenbart uns, dass wir nicht letztlich die Täter, sondern Getane sind, nicht Unternehmer, sondern Unternommene. Unsere kleine Macht – Teil von einer Allmacht, unser Denken – Teil vom Denken eines Ganzen, unser Zeugen und Gebären – Teil vom Zeugen und Gebären des Ganzen, unser Atmen – Bruchstück vom Beatmetwerden, unser Sprechen – die Silben eines umfassenden Gesprächs, das Gott mit sich selbst führt.

Ich will nicht glauben müssen, dass Leben ein Haufen unzusammenhängender Ereignisse und Gelüste sei. Ich will nicht glauben müssen, dass ein paar Irre und eine Masse von Fressern diesen Planeten Erde zu Müll verbrennen werden. Ich will nicht glauben müssen, dass Niedertracht und Gewalttat die wunderbaren Gebilde schon gelingenden Zusammenlebens zerstören werden. Ich will nicht glauben müssen, dass Gott sein Reich nicht mehr kommen lässt; will nicht glauben müssen, dass sein Projekt der Liebe in Konkurs geht. Darum hänge ich an dem Hilfeschrei «Allmächtiger!», weil er die Menschenmächte absorbiert, die Geldmacht, die Atommacht, die Hausbesitzermacht, die Politikermacht, die Erziehermacht, die Meinungsmacht. Sie alle sind nicht stabile Imperien; die

Inhaber sind nicht souverän, sondern du, ich, wir sind Geschäftsführer, nicht Eigentümer, sondern Verwalter, für meinen kleinen Ausschnitt an Begabung verantwortlich dem Allmächtigen.

Die Kehrseite ist, dass Gott angesteckt ist vom Bösen. Gott haftet für die Fehler seiner Menschen. Auf ihn fällt zurück, was wir verderben. Gott hält sich ja in den Menschen den Menschen hin. Und das ist ganz leibhaftig, meine ich, zu sehen. Die Seele der Welt weint in jedem ungestillten Säugling, in jedem ungetrösteten Alten.

Aber wenn der Tod nicht von Gott trennte, sondern uns ganz in Gott hineinzieht, dann ist des Anfangens kein Ende, auch wenn die Passagen durch finstere Täler gehen.

Warum so viel Leid? Ich weiß es nicht. Aber glaubend an Gott, den Allmächtigen, sehe ich mich gefragt: Warum durch mich so viel Leid? Und ich sähe mich vollauf damit beschäftigt, die Schmerzen zu lindern und Unrecht zu mildern. Und danken müsste ich ohne Ende für die vielen wunderbaren Menschen, die mit Klugheit und Geduld ihr Leben bestehen unter Handicaps und Beschwerden und Mühen und Schmerzen. Albert Camus sagt in seinen Tagebüchern von A. M., Invalide, beide Beine amputiert, einseitig gelähmt: «Man hilft mir, meine Bedürfnisse zu verrichten. Man wäscht mich. Man trocknet mich ab. Ich bin beinahe völlig taub. Nun gut, ich werde nie etwas unternehmen, um mein Leben abzukürzen, an das ich so innig glaube. Ich würde noch Schlimmeres auf mich nehmen. Blind zu sein und der sinnlichen Wahrnehmung beraubt, stumm und ohne Berührung mit der Außenwelt, wenn ich nur jene dunkle und glühende Flamme spüre, die ich bin, und zwar ich, der Lebende, der dem Leben noch dafür dankt, dass es mir erlaubt hat, zu brennen.»

Wenn Gott auch nur einen Menschen hätte, der ihm so gerecht wird wie der anonyme A.M., dann wäre er doch allmächtig zu nennen. Allmächtig jetzt nicht als Summe aller vorhandenen Kräfte, sondern als der Künstler, der aus Staub sich einen freien, kreativen, dankbaren Menschen erzieht.

Damit ist endlich das Zielwort erreicht, auf das hin das Wort «allmächtig» uns eingegeben ist, nämlich: Vertrauen. Als Widerlager für

Vertrauen ist der allmächtige Gott glaubbar. Wie ist dem allmächtigen Grund der Welt anders zu entsprechen, als durch umfassendes Vertrauen? Mein kleines Überblicken kann doch nicht den Horizont machen, in den ich gestellt bin. Nicht mein technischer Durchblick geleitet mich sicher nach Hause, sondern die Zuversicht, behütet zu sein.

Nicht das zweckmäßig konstruierte Auto fährt mich, sondern mein Vertrauen in die Gesamtheit der Umstände, wovon ich doch nur ganz wenig messen und zählen kann. Die Gesamtheit der Umstände plus Zukunft ist Gottes Hand.

Herr, du Gott der Vergeltung

«Du Gott der Vergeltung, erscheine! Erhebe dich, du Richter der Welt; vergelte den Hochmütigen, was sie verdienen! … Der das Ohr gepflanzt hat, sollte der nicht hören? Der das Auge gemacht hat, sollte der nicht sehen? Der die Völker in Zucht hält, sollte der nicht Rechenschaft fordern, er, der die Menschen Erkenntnis lehrt?»

Dieser Psalm 94 hält fest, worauf Geschichte hinausläuft. Geschichte mag uns ein wirres Durcheinander von Zerren und Leiden der Menschen scheinen. Aber darin Gott am Werk wissen, «Hort der Zuversicht» (V. 22) gegen die, die «das Recht missbrauchen und Unheil schaffen» (V. 20), lässt rufen: Gott der Vergeltung, erscheine!

Der Ruf nach Vergeltung durch Gott steht allen Drangsalierten zu. Paulus nimmt das Trostwort der Unrechtleidenden aus 5. Mose 32,35 auf: «Die Rache ist mein, ich will vergelten, spricht der Herr» – darum, gebt dem Zorn Gottes Raum; rächt euch nicht selbst. Vielmehr, wenn dein Feind hungert, gib ihm zu essen. Wenn du das tust, so wirst du feurige Kohlen auf sein Haupt sammeln (Römerbrief 12,19 ff.).

Es geht wohl darum, dass nicht ich mich räche, nicht ich zur Gegengewalt aufrufe. Es ist wohl ein Maß an Gewalt in der Menschheit, das getragen werden muss. In diesem Sinn verstehe ich Jesus, dass wir nicht dem Übel wiederstreben sollen: wenn dich jemand nötigt, eine Meile mitzugehen (und seine Last zu tragen), so geh mit ihm zwei; will einer deinen Rock, lass ihm auch den Mantel (Matthäus 5,38 ff.).

Jesus rührt hier an das Wissen von Gott als Herrn der Geschichte, der dafür sorgt, dass die Gewalttäter letztlich nicht triumphieren. Es ist ins Leben eine Gesetzmäßigkeit eingebaut, dass letztlich «die Sanftmütigen das Erdreich besitzen werden» (Matthäus 5,5). Denn: «Wer das Schwert nimmt, wird durch das Schwert umkommen» (Matthäus 26,52) – entsprechend dem Wort aus Weisheit 11,16: «Womit jemand sündigt, damit wird er auch bestraft.» (Apokryphen; die Weisheit Salomons)

Der Glaube lässt sich auf eine Geduld ein, die aus tiefen Quellen kommt: «Gottes unsichtbares Wesen wird ersehen aus seinen Werken, wenn man sie wahrnimmt» (Römerbrief 1,20). Wenn aber unser unverständiges Herz verfinstert ist, sind wir dem Nichtigen verfallen (V. 21), werden zu Narren, indem wir das Unvergängliche vertauschen mit Vergänglichem (V. 23) und die Wahrheit in Lüge verkehren (V. 25). Die aber gibt Gott dahin an die Begierden ihres Herzens, so dass sie durch sie selbst geschändet werden (V. 24). Sie empfangen den Lohn ihrer Verirrung, wie es ja sein muss, an sich selbst (V. 27): «Trübsal und Angst über alle Menschen, die Böses tun! Herrlichkeit aber und Ehre und Frieden allen denen, die Gutes tun!» (2,9 f.)

Aber bedenke, o Mensch, worin du den anderen richtest, verdammst du dich selbst, weil du dasselbe tust, was du richtest (2,1). Denn: «Da ist keiner, der gerecht ist, alle sind abgewichen (3,10.12). Alle Welt ist vor Gott schuldig» (V. 19). «Wir sind allzumal Sünder und ermangeln des Ruhmes, den wir bei Gott haben sollten» (3,23).

«Schuld ist wie eine Sonnenfinsternis. Wir sind vielleicht vergleichsweise unschuldig, schuldlos sind wir nicht» (S. Lenz). Was macht einen Menschen zum Mörder? Wieviele Deutsche haben ihre Verzweiflung Hitler aufgepackt und ihn zum Erlöser aufgeladen, um dann die Menschheit mit Tod zu überziehen? Wie zögerlich verschlossen Staaten vor Großdeutschlands Unrecht die Augen und wehrten den Anfängen nicht? Gustav Heinemann hat einmal gesagt, warum der 20. Juli nicht glücken durfte. «Wir Deutschen waren so verfinstert, so fern von Erkenntnis, dass wir die Folgen unseres Tuns bis zur bitteren Neige erleiden mussten. Wäre Hitler zu diesem Zeitpunkt der sich abzeichnenden Niederlage getötet worden, hätten wohl Millionen den Mythos Hitler nie aufgegeben, sondern behauptet, mit dem ‹Führer› wäre das nie passiert.»

Im Golfkrieg wurde viel vom heiligen oder gerechten Krieg gesprochen. Es gab wohl noch keinen Krieg, der von einem so repräsentativen Menschheitsgrenium wie der UNO für rechtens erklärt war. Und doch ist er nicht gerecht, geschweige denn heilig. Wie viele Staaten hatten Saddam Hussein aufgerüstet, wie viele Geschäftemacher ihn ausstaffiert. Wie viel Ungerechtigkeit in dieser Region ließ wieder Millionen Verzweifelte einen Führer ersehnen. Auch Saddams Größenwahn ist ihm von vielen angezüchtet worden. Und wieder schreien Menschen zu Gott (auch unter dem Namen Allah), er möge vergelten, natürlich den andern.

Viel Vergeltung ist ja in den Weltgang eingebaut. «Wer andern eine Grube gräbt, fällt selbst hinein» (Sprüche 26,27); «Wer Wind sät, wird Sturm ernten» (Hosea 8,7). «Wer zugrunde gehen soll, der wird zuvor stolz, und Hochmut kommt vor dem Fall» (Sprüche 18,18). Gott gibt dahin, an die Folgen unserer Begierden – doch, das lässt sich studieren – mit einiger Verzögerung zwar, vielleicht auch von einer Generation auf die nächste zum Ausbaden verschoben. Es gehört zum Glaubensschatz, dies Magnifikat der Maria: «Er übt Gewalt mit seinem Arm und stößt die Gewaltigen vom Thron. Die Hungrigen aber füllt er mit Gütern und lässt die Reichen leer ausgehen» (Lukas 1, 51 ff.).

Dass die Gewaltigen alle fallen, ist offenkundig. Es ist ebenso offenkundig, dass wir Reichen uns an unserer Habsucht selbst vergiften und mit freudlosem Wohlleben büßen. Aber die Zahl der Hungrigen auf der Erde wächst. Sie rufen den Gott der Vergeltung uns zum Gericht herbei.

Sollten wir verstockt sein, nur noch «Gefäße des Zorns» (Römerbrief 9,18.22)? An dieses dunkle Geheimnis rührt Manès Sperber in seinem Buch Wolyna: «Juden waren zum Verhungern ausgesetzt in Boote mitten im Strom. Da kamen die Christen am Sonntag die Ufer entlang, um sich am Anblick der Ausgestoßenen zu weiden. Ein findiger Bäcker brachte vertrocknete Brotlaibe und verkaufte sie billig an die Gaffer. Die Christen warfen die harten Brote auf die Verhungernden und zielten auf die Köpfe. – In der Hand der Christen ist das Brot, das sie den Verhungernden zuwarfen, zur Waffe geworden. Der Allmächtige hätte den Unschuldigen die Speise gegönnt, aber er durfte den Schuldigen nicht die Gunst gewähren, eine gute Tat zu tun.»

«Friede wird Frucht der Gerechtigkeit sein» (Jesaja 32,17). Werden wir, du, ich, uns zur Gerechtigkeit bequemen?

Als der Pilatus Jesus gefügig machen wollte, sagte er: «Weißt du nicht, dass ich Macht habe, dich loszugeben oder zu kreuzigen»? Und Jesus antwortete: «Du hättest keine Macht über mich, wenn sie dir nicht von oben her gegeben wäre» (Johannes 19,10 f.). Ich verstehe Jesu Hinweis so, dass ich meine Begabungen friedensdienlich nutzen soll. Auch Macht, Einfluss, Autorität sind anvertrautes Gut, «Böses mit Gutem zu überwinden» (Römerbrief 12,21).

Aber solange ich nicht zur Liebe bekehrt bin, sollte ich froh sein, dass mir andere auf die Finger gucken, mich vor Gericht ziehen können, gut so (die Wohltat des Rechts hier fällt mir besonders auf, wenn Ehen auseinander gehen und zwei, die sich liebten, sich hassen und nicht mehr das Geringste dem anderen gönnen – dass dann Unterhaltsrecht einklagbar ist). Und auch das ist gut: Wir Bösen machen uns viel Konkurrenz.

Die Glaubensgeschichte bewahrt eine tiefgründige Erfahrung auf: 1. Mose 6,5: «Als aber der Herr sah, dass der Menschen Bosheit groß war auf Erden und alles Dichten und Trachten ihres Herzens nur böse war immerdar, da reute es ihn, dass er die Menschen gemacht hatte.» Und dann schickte er die Sintflut und ging der Menschheit an die Wurzel. Aber er ließ einen Rest und fing mit

Noah neu an. «Und sprach in seinem Herzen: Ich will hinfort die Erde nicht mehr verfluchen um der Menschen willen, denn das Dichten und Trachten des menschlichen Herzens ist böse von Jugend auf. Solange die Erde steht, soll nicht aufhören Saat und Ernte, Frost und Hitze, Sommer und Winter, Tag und Nacht» (1. Mose 8,21 ff.). – Die Ursache fürs Vertilgen wird zum Anlass für Gottes Erbarmen.

Die Menschheit wäre längst ausgestorben, wenn Gott strafte nach unseren Sünden. Dass wir überleben mit soviel Unrecht, ist nur Gnade.

Und wer spricht von der Traurigkeit Gottes über seine Versager? In Weisheit 15,10 ff. heißt es über manchen Menschen: «Die Gedanken seines Herzens sind wie Asche, seine Hoffnung ist geringer als Staub und sein Leben verächtlicher als Sand, weil er den nicht kennt, der ihn mit Leib und Seele geschaffen hat. Er hält vielmehr unser menschliches Leben für ein Spiel und unser menschliches Treiben für einen Jahrmarkt; denn er gibt vor, man müsse überall Gewinn suchen, auch aus bösen Dingen.»

Ich glaube an Gott, den Schöpfer Himmels und der Erden

Gott als Schöpfer – dieser Glaubensschatz ist untrennbar verbunden mit der Schöpfungsgeschichte. Es gibt sie in zwei Ausführungen: die streng gegliederte, in der Wissenschaftssprache der damaligen Zeit, die wohl aus dem 6. Jahrhundert vor Christus stammt (1. Mose 1–2,4a). Und die wohl 500 Jahre ältere, auf Erzählformen von 1500 vor Christus fußende Paradiesgeschichte (1. Mose 2,4b–3,24). Man kann die Berichte aus verschiedenen Blickwinkeln lesen: Den Historiker interessiert, welche Vorstellung man in Israel vor 3000 Jahren vom Anfang der Welt hatte. Skeptiker und Zweifler finden in dieser Geschichte ihre Überzeugung bestätigt, dass Glaube und Naturwissenschaft einander widerstreiten. Und buchstabentreue Christen nehmen diesen Text als Testfall für Bibelfrömmigkeit.

Nehmen wir aber diesen Text als Spiegel zur Selbsterkenntnis, so geht uns Sensationelles über uns selbst auf. Denken wir uns einmal die Welt ohne uns – jedem ist dieser Schreck schon in die Glieder gefahren: alles geht ja auch ohne mich; ich muss ja überhaupt nicht da sein, wie leicht bin ich auswechselbar. Zu wem gehör' ich? fragen wir uns alle. Am seidenen Faden hängt mein Dasein. Wessen «Ja» verdank' ich mich? Wer will mich und die Menschen überhaupt? Das sind Fragen, die «gottesverdächtig» sind. Sie lassen sich nicht mit Lexikonwissen stillen, sie zielen auf Halt und Sinn. Ehrfurcht vor dem Lebendigen – du spürst sie, aber wem gebührt sie? Wer spricht weiter, wenn wir abbrechen, und woher rührt mein Drang zu leben? Wer bewirkt mich? Diese fragende Sehnsucht zielt auf das Geheimnis unseres Menschseins; eine Sehnsucht, die in eine andere Richtung als biologische Tatsachen und physikalische Gesetze weist.

Selbsterkenntnis aus der Schöpfungsgeschichte

Gemessen an der kosmischen Weite sind wir nur ein Staubkorn im All, gemessen an kosmischer Zeit nur ein Hauch. Die Menschheit nur eine vorübergehende Erscheinung, eine Art Pilzbefall der Erdrinde? In beunruhigenden Träumen taucht uns die Erde in öder Verlassenheit auf, als Tohuwabohu (1. Mose 1,2) oder als Leere mit Felsen, vielleicht mit einzelnen Flechten, aber noch kein Strauch, kein Kraut, kein Mensch (1. Mose 2,5). – In Israel, dem Wüstengebiet, feuchtet Nebel das Land. Und in diesem Traumbild vom Anfang, wo aus Wüste Land wird, greifen durch den Nebel riesenhafte Hände. Sie formen, wie ein Töpfer formt, sie modellieren, gliedern und verzieren. Die wohl früheste Sorte menschlicher Kreativität, das Formen aus Lehm, soll Gottes Gestalten abbilden. Dieses Bild malt seine vollendete Fürsorge, seine Lust am schön geformten Körper; zeigt die Phantasie, mit der Gott Kostbares in alle Ecken und Winkel verstreut. Ja, das Material ist Staub, ist Erde, seelenlos, atemlos. Und Gott bläst ihm den Odem, die Seele, die Lebenskraft in die Nase.

Du bist handgeschöpft

Die Materie wird lebendiges Wesen durch Gottes Kuss. Gott gibt dem Menschen von sich selbst ab: der Mensch, ein Hauch Gottes. Was uns inspiriert (lat.: beatmet), was uns treibt, ist ein Quäntchen Göttlichkeit. Ein anderes Bild dafür bei Michelangelo: Lebensfunkenschlag durch tastende Berührung der Fingerkuppen, und der Lehmkloß aufersteht: Du – gewollt, du – von Gott handgeschöpft. Du: kein Würfelwurf des Zufalls, sondern Einfall Gottes, freies Geschenk, ein Wunsch, ein Wille des unsichtbaren Gegenübers. Nicht blinde Kausalität von Zeugung und Empfängnis, nicht zufällige Verschlingung der Chromosomen hat dich geschaffen. Du bist gewollt, bist ein Ich durch Gottes Ruf. Er hat dich bei deinem Namen gerufen, ihm gehörst du, weil er dich will. Du warst

amorphe Masse, die Gott in seine, deine Form gegossen hat. Er hat
dem Material seinen Stempel deiner unverwechselbaren Einmalig-
keit aufgeprägt. Du bist Gottes geliebter Mensch. Und das macht
dich aus.

Dir ist Raum gegeben

Die Erde ist wahrlich ein Garten, eine wunderbare Mischung aus
Natur und Kultur, in die wir hineingeboren werden – und haben
doch für den Eintritt nichts bezahlt (Eugen Drewermann). Du bist
nicht ausgesetzt im Unwirtlichen, sondern beheimatet. Ein Stück
Erde ist für dich vorgesehen, wo du hingehörst, wo du wachsen,
anwachsen kannst, wo du überreich beschenkt wirst.

Der paradiesische Garten, die vollendete Oase, die friedliche
Ordnung ist ein Traumbild der Menschheit. Den Garten bebauen
und bewahren (1. Mose 2,15), das wurde vor 3500 Jahren der
Menschheit ins Stammbuch geschrieben – später auch: «Macht euch
die Erde untertan» (1. Mose 1,28). Aber das war Nomaden und
Kleinbauern gesagt. Daraus einen Freibrief für Kettensägenheere
und autogerechte, zubetonierte Mitwelt lesen, das ist lästerlich.
Auch im Paradies, im traumhaften Ursprung, wurde gearbeitet: Zur
Arbeit sind wir gewürdigt, dürfen Mitarbeiter Gottes sein.

Aber jede(r) braucht den Gehilfen, den Gefährten, die Gefährtin,
das Gegenüber, den Vertrauten, die Antwortende.

Dem Menschen allein fehlt die bessere Hälfte

Im jüngeren Schöpfungstext heißt es: «Gott schuf den Menschen
sich zum Bilde, zum Bilde Gottes schuf er ihn als Mann und Frau»
(1. Mose 1,27). Gott schafft sich Menschen, weil die Liebe Geliebtes
braucht. Gott existiert nicht nur, er ist nicht nur einfach da, sondern
sein Dasein ist Fürsein. Und darum kann Gott nicht alleine bleiben.
Er braucht Menschen. Das ist seine Demut. Gott ist nicht autark,

denn er liebt. Darum schafft er sich Kreatur und eben vor allem Menschen. Und schafft den Menschen als der Ergänzung fähig und bedürftig, wie er selbst.

Adam im Tiefschlaf ist ein wunderbares Bild für das einsame Leben. Aber er fährt aus dem Schlaf auf, explodiert fast vor Freude, als der/die Richtige kommt. Dann singt sich das schönste «Lobe den Herrn» von selbst: «Es ist ja Fleisch von meinem Fleisch», Du, das bin doch ich, noch einmal anders. In der Umarmung, wenn sie gesegnet ist, wird man doch Teil eines Ganzen. Und dies Paar spiegelt das Zusammengehören der Schöpfung mit Gott, spiegelt es beglückte Augenblicke lang.

Es geht in dieser Geschichte des ersten Paares eigentlich gar nicht so sehr um den Umfang des Lebens. Es geht um uns alle. Dass wir einander suchen, aufeinander angewiesen sind, ist Gottes Wille. Die Liebe ist Gottes Erfindung. Wir finden sie nur wieder. Wir sind die Noten in seiner Symphonie, inklusive aller Missklänge, die wir auch mit einbringen. Liebe zeichnet uns den Glanz Gottes auf das Gesicht, ein Glanz, der auf der ganzen Schöpfung liegt, die, richtig verstanden, nichts anderes ist als ein großer Liebesakt Gottes. Dass Gott sein Lieben wiederholt in unserem Lieben, macht die Kostbarkeit unseres Befreundetseins aus, macht den Ehebund wirklich zur Hoch-Zeit des Lebens, und die «Blüte irdischer Liebe» zum Unterpfand fürs Reich des Geistes und der Güte (nach Marie Luise Kaschnitz). Wenn wir sehr allein sind, gäben wir sehr viel mehr als nur eine Rippe ab, um das Du zum Reden und Fühlen zu finden. Belavista sagt es so: «Wir sind Engel mit nur einem Flügel. Um fliegen zu können, müssen wir uns umarmen.»

Die alte Geschichte erzählt davon, dass wir Gott gehören, und davon, wer der Mensch ist. Unsere Materie, unser Material ist von den Elementen der Erde genommen. Geschenkte Lebenskraft hält uns für eine kurze Zeit zusammen. Wir sollen arbeiten, erhalten das Herrschaftsrecht über die Tiere, das Nutzungsrecht über die Natur und den Auftrag, sie zu bewahren. Wir brauchen Gemeinschaft und erhalten die Fähigkeit zur Gemeinschaft in der Sprache. Und die

Liebe macht in freier Übereinkunft uns zum Helfer für den anderen. Und doch – so gut gerüstet jetzt der Mensch ist: Zum ganzen Menschen werden wir, wenn Gott uns anruft und wir uns von Gott ansprechen lassen.

Neu aufgerollt: Der Sündenfall

Wir Menschen werden dadurch menschlich, dass wir Gott hören und ihm gehorchen oder uns gegen ihn stellen können. Wir gewinnen unseren Sinn, unseren Halt, unseren Lebensstandpunkt damit, dass Gott nach uns fragt: «Adam, Mensch, wo bist du, wer bist du?» (1. Mose 3,9)

Als Kinder sind wir eingebettet ins Leben, nah an die Dinge geschmiegt, geborgen und behütet, mit den Tieren auf du und du, den asch-grauen Geschmack des Todes haben wir noch nicht geschmeckt,von gut und böse noch keine Ahnung. Doch aus lustvoll-unbekümmerter Unbewusstheit wird der Mensch herausgerissen: «Die Schlange war listiger (oder klüger? Beides bietet der Urtext) als die anderen Tiere des Feldes, und sie sprach zu der Frau: ‹Sollte Gott gesagt haben, ihr sollt nicht essen von den Früchten des Feldes?›» (1. Mose 3,1)

Die Schlange ist kein Tier des Teufels. Im Gegenteil, in der Religionsgeschichte ist sie das Tier der Götter. Sie hat mit Heilung und Klugheit zu tun. Moses hält den Schlangenstab, und Jesus sagt: «Seid klug wie die Schlangen» (Matthäus 10,16). Dem Psychologen ist die Schlange Symbol für das Unterbewusstsein des Menschen. In ihr wird das Rätselhafte, das Unheimliche, etwas Windendes, das an uns nagt, abgebildet. Die Schlange ist auch ein Bild für Abgründiges, Unerklärliches, das uns weg zu locken versucht von unserer Mitte. Die Schlange treibt uns voran, malt uns in bunten Farben neue Erkenntnis aus. Sie bildet den von Gott in den Menschen gelegten Wunsch nach Erkenntnis, der aber gepaart ist mit Misstrauen. Etwas in uns fragt so raffiniert, bezweifelt, entkräftet Einwände, schürt den

Verdacht, stiftet zur Auflehnung gegen Gebotenes an und zeichnet in verlockenden Farben die Gleichheit mit Gott. Zunächst wehrt sich der Mensch. Die Frau stellt sich vor Gott: Wir essen von den Früchten des Gartens. Aber der Zweifel nagt schon an ihr; der Argwohn, Gott könnte ihnen Glück vorenthalten haben. Adam bleibt passiv, vielleicht ist den Frauen das Unbewusste näher. Die Schlange weckt die Neugier, und jetzt gewinnt der verbotene Baum Beachtung, Misstrauen breitet sich aus. Das Versuchende ist zunächst fremde Macht, doch gleich sind es zwei Seelen in einer Brust, zweifelnd, drängend, verdrängend, dann zur Tat hinreißend. «Da wurden ihre Augen aufgetan, und sie gewahrten, dass sie nackt waren» (1. Mose 3,7).

Das Schämen hat überhaupt nichts mit Prüderie zu tun! Sie schämen sich deshalb, weil sie aus dem Willen Gottes herausgefallen sind, weil sie ihre Grenzen übertreten haben und darin zu Komplizen wurden. Der eine erinnert den anderen immer an die Tat, die nicht mehr rückgängig zu machen ist. Die Menschen werden sich ihrer selbst bewusst und bemerken ihren Abstand zu Gott. Das Urvertrauen der Kindheit hat lange getragen, und doch ist gleichzeitig etwas gewachsen, was uns Menschen aus dieser Bahn reißt. Plötzlich sehen wir uns als benachteiligt und unzulänglich. Und dann ist da die Furcht, alles habe einen Haken und der Argwohn, Gott habe es nicht gutgemacht mit mir. Und wenn Adams und Evas Drachensaat aufgeht, ist das Innere schon von Misstrauen überflutet: Aus dem Argwohn wird die Absage an Gott und der selbstmächtige Kampf, etwas darzustellen, etwas zu machen – und sei's ein Turmbau zu Babel (1. Mose 11).

Bewusstwerdung – Quelle von Glanz und Qual

Erst wenn ich mir meiner bewusst werde, weiß ich, was böse und was gut ist und dass wir gut und böse werden im Tun. Erst damit wird sinnvolles Handeln, werden Aufbau, Weitergang und Geschichte möglich. Der Mensch fällt aus der kindlichen Geborgenheit und muss auf eigenen Füßen stehen. Gott straft uns nicht mit Vertreibung aus dem Paradies, sondern er führt dem Menschen vor Augen, was er mit dem Misstrauen sich selbst auflädt; benennt die Kosten, die mit dem Menschsein einhergehen. Und das ist nicht Paradies, sondern der lange Weg dahin. Wir müssen Ich werden, auch weil wir uns mit dem Wir der Kindheit nicht begnügen dürfen.

Im Gewissen pocht es an, pocht einer an: «Mensch, wo bist du, wo bist du hingekommen?», und dann folgen die Ausreden, die Entschuldigungen finden kein Ende. Jeder gibt den Schwarzen Peter weiter: der Mann an die Frau, die Frau an die Schlange. Adam sagt: «Die Frau, die du, Gott, mir gegeben hast, war schuld!» Zuletzt, nach allen Ausreden, bleibt die Schuld an Gott hängen. Wir sprechen, direkt oder indirekt, ihn für das schuldig, was wir falsch machen. Wir sagen: «Die Umstände sind schuld; die Gesellschaft ist schuld; die Vorfahren und Eltern sind schuld.» Sicher: keiner ist ganz und gar allein schuld. Und doch: wer Mensch bleiben will, muss sagen: «Und ich aß.«

Misstrauen gegen Gott ist Sünde. Wir wissen, was Leben befördert, und bleiben doch ich-süchtig, verlieren das Ganze aus den Augen, versündigen uns gegen den liebenden Zusammenhang und werden schuldig. Und Gott fordert Rechenschaft von uns, nicht nur als Richter, sondern als Opfer unseres Tuns. Und das ist der Adel, den Gott verleiht, das ist die Würde: wir sind in die Verantwortung genommen, sind gewürdigt, mit unserem Leben dem Gegenüber vor allem zu antworten.

Wissen um Tod und Vergeblichkeit

Mit dem Schuldwissen wandelt auch der Tod sein Gesicht. Die naturhafte Selbstverständlichkeit, dass alles Lebendige stirbt, bekommt einen Stachel. Ich muss lernen: Meine Zeit ist begrenzt. Dann ist von mir her nichts mehr zu ändern. Und der Tod wird grausam, wenn ich selbst mir alles war, denn dann ist der Tod der Bankrott. Ich habe ausgedient, zurück bleibt nur Materie. Wenn alles nur Selbstbewusstsein war, vielleicht auch Selbstsucht, dann knipst mich der Tod aus, und übrig bleibt nur Staub. Das ist der Stachel des Todes: wissen, dass wir einmal keine Zeit mehr haben, zu lieben. Und zu sehen, dass alle Mühe das Heil nicht schafft, alles im Leben nur Bruchstück bleibt. Wir, Adam, Eva, erleben, dass uns der Acker Disteln und Dornen trägt. Im Schweiße unseres Angesichts essen wir das Brot des Lebens, und es kostet Mühe, mit dem Wissen von Schuld und Vergeblichkeit zu leben. Auch die Mann-Fraubindung wird hochkompliziert, wir kennen unsere Abgründe, wie sollen wir einem raten, sich uns anzuvertrauen. Und die Geschlechtlichkeit bleibt eine Versuchung zur Machtentfaltung. Und Eltern sein, vor allem Mutter zu sein, ist Anlass für kaum endende Sorgen.

In der Erzählung vom Anfang bleibt ein Spalt für den Lichtblick, göttliches Siegel seiner Sorge um den Menschen. Gott geht mit in die Gottesferne und macht ihnen Röcke aus Fell und zieht sie an. Nicht nur den Weinstock, auch die Stadt, die Musik, die Zivilisation und Kultur gibt Gott in verschwenderischer Freigebigkeit mit auf den Weg (1. Mose 4,17–22). Viel Trost ist in unserem Handgepäck. Was Gott uns gern erspart hätte, ist nicht das Wissen um gut oder böse, sondern der Argwohn, den der Baum auch symbolisiert.

Wir sehen uns manchmal verlassen und zerschlagen und sind dann in Versuchung, Gott vorzuwerfen, dass er uns schlecht behandelt. Im Hinterkopf ist der Gedanke: Gott könne auch anders, aber er gönne uns das Glück nicht. Aber es gibt auch jenseits von Eden Spuren von Freude. Nicht die Schläge, nicht die Enttäuschung und der Tod sind das Erstaunliche, sondern alles Glühende an Hoffnung und Liebe, das Leben überhaupt. In dieser Schöpfung ist noch Mühe und Schmerz und Unrecht, nicht weil Gott uns auf dem Prüfstand hätte, sondern weil eine Handbreit darunter Chaos ist: Auf einem Meer des Nichts schafft Gottes guter Wille Inseln der Bewohnbarkeit. Das Leben ist abgerungen dem Dunkel, dem Toten; dem Nichts. «Er hängt die Erde über das Nichts» (Hiob 26,7). Gott ruft aus dem Nichtsein das Sein, und jede geglückte Verbindung ist Schöpfung in Aktion. Wir werden im Dasein gehalten durch das beständige Rufen, dass es sei.

Beim Gang durch die ersten drei Kapitel der Bibel ist zu unterscheiden zwischen den alten Sagenbausteinen und dem, was mit ihnen erzählt wird.

Erzählt wird: Gott hat die Welt so geschaffen, dass sie gut ist, ja sogar «sehr gut» (1. Mose 1,31), sehr gut für alles Weitere. Gott hat uns Menschen so gemacht, dass wir ihn hören, ihm glauben oder ihm widerstehen können. Sagen und Denkmuster von damals geben «nur» das dichterische Material dazu. So deuten die sieben Tage der Schöpfung an: Das Schöpfungswerk vollzieht sich in Schritten! Adam, aus Erde geformt, meint: Aus Natur sind wir Menschen genommen. Eva, aus der Rippe, meint: Liebende erleben sich beide als aus einem Stück. Die Verführung durch die Schlange erzählt davon, dass wir Menschen keine bewusstlosen Kinder bleiben, sondern schuldfähig werden und argwöhnisch. Unsere Würde gewinnen wir dadurch, dass Gott nach uns fragt: «Mensch, wer bist du?»

Ich glaube, dass mich Gott geschaffen hat

Danken ist das Atmen der Seele. Diese Begabung, sich beschenkt zu sehen, ist das Geheimnis der Glücklichen. Viele Sorten Lust gibt es: Kampflust, Arbeitslust, Liebeslust – und auch Danklust. Merken, dass ich beschenkt bin mit Leben und allem, was dazugehört: das zu fühlen ist höchste Lebenskunst und das Geheimnis der im Glauben Glücklichen. Mir das Leben köstlich sein lassen, täglich, auch wenn es Mühe und Arbeit macht. Das wäre ein Leben in Gottes Nähe. Martin Luther hat den Glauben als ein Lebenselixier hinreißend beschrieben in seiner Erklärung zum ersten Artikel im Kleinen Katechismus: «Ich glaube, dass mich Gott geschaffen hat samt allen Kreaturen, mir Leib und Seele, Augen, Ohren und alle Glieder, Vernunft und alle Sinne gegeben hat und noch erhält; dazu Kleider und

Schuh, Essen und Trinken, Haus und Hof, Weib und Kind, Acker, Vieh und alle Güter; mit aller Notdurft und Nahrung dieses Leibes und Lebens mich reichlich und täglich versorget, wider alle Fährlichkeit beschirmet und vor allem Übel behütet und bewahret; und das alles aus lauter väterlicher, göttlicher Güte und Barmherzigkeit, ohn all mein Verdienst und Würdigkeit: des alles ich ihm zu danken und zu loben und dafür zu dienen und gehorsam zu sein schuldig bin. Das ist gewisslich wahr.»

Glaube und Dank: zwei Seiten einer Münze. Ich glaube, dass mich Gott geschaffen hat; ich danke, dass mich Gott geschaffen hat, beides meint dasselbe: Glaube und Dank als Rhythmus meines Daseins. Glauben ist Merken, Wahrnehmen, Spüren, dass Gott mich geschaffen hat und immer noch erhält. Ohne Gott wäre ich ein Niemand, ein Nobody, nur ein Sandkorn in der Weite des Alls und am Strand der Zeit – ich wäre nicht der Rede wert. So aber bin ich Diamant, weil der mich will, der die Welt will.

Du Diamant

Gott achtet alles, was er macht. Wie ein Juwelier den Brillanten betrachtet und ihn immer wieder gegen das Licht hält und sagt: «Sehr gut!», so betrachtet Gott auch dich. Ja, auch du – sehr gut, sehr gut für Weiteres! Bis alles rund und ganz ist und in Gott ruht am nicht endenden siebten Tag. Du, sehr gut, auf dich zielt die ganze Schöpfungsgeschichte hin. Du, aus dem Dunkel gehoben jeden Tag neu.

Der Mensch ist gut, weil Gott ihn anschaut. Auch dich schaut er an. Was du in den Augen anderer Menschen bist, hat damit kaum etwas zu tun. Ein anerkennender oder abschätziger Blick entscheidet nichts über deinen wahren Wert. Und doch kann uns ein Blick bestärken, Kraft geben. Du kannst aus der Energie, Gott genannt, anderen Heilendes weitergeben. Aber was uns schließlich begutachtet, gut macht und Achtung gibt, das sind Gottes Augen selbst.

Gegen alle möglichen Einschätzungen steht dies: «Siehe, sehr gut!» Du, der/die Bestmögliche unter deinen Bedingungen, Vorstufe für noch Besseres, aber in der Grundausstattung sehr gut. Wir sind noch immer auf Gottes Schleifstein; noch heißt es nicht: «Fertig, bleib wie du bist.» Gott nimmt uns ja mit über den Tag hinaus. Noch sind wir im Werden, im Heilgemachtwerden. Es ist noch nicht ausgemacht, wer du sein wirst.

Durch meine Eltern von Gott

Dass ich lebe, dafür kann ich mich letztlich nicht bei meinen Eltern bedanken. Ich danke ihnen für ihre Liebe und die Mühe, mich groß-zuziehen. Aber keiner dankt seinen Eltern, dass er geboren ist, denn sie haben mich ja bekommen, haben mich empfangen! «Empfäng-nis», welch kostbares Wort: Eltern als Helfer zum Leben. Sie haben getan, was in sie hineingelegt ist. Ja, ohne Eltern wäre ich nicht. Aber schon der Wunsch nach einem Kind ist ja nicht ihre Erfindung, sondern ist Angelegtes. Auch die Anlage, Kinder bekommen zu kön-nen, ist ja gar nicht unsere Erfindung, sondern Begabung. Dass wir leben, verdanken wir dem Geheimnis der Welt. Elternliebe ist ein Schimmer von der Liebe, die die Welt trägt. Ich darf glauben, dass ich nicht Zufall bin, obwohl sicher der Zufall bei meiner Entstehung mit im Spiel war. Alle Zufälle passieren in dem Flussbett, das «der Wille Gottes» heißt. Ich glaube, dass der, der die Welt wollte, auch mich will. Das glauben zu dürfen, ist unermesslich schön. Was ist schon ein neuer Stern am Himmel, verglichen mit einem neuen Menschen, der einmal «ich» sagen und danken kann! Wenn ich mit diesem Bewusstsein lebe, dann frage ich ja: «Warum lebe ich, ausge-rechnet ich?» In der Taufe wird mir dann gesagt: «Du lebst, weil Gott dich lieb hat!» Ich kann schon verstehen, dass einer es nicht fassen kann, so wichtig zu sein. Aber ich kann es nicht verstehen, dass er es nicht gern glauben möchte: Du, ich, geschaffen, gewollt vom Betreiber der Welt, vom mütterlichen, väterlichen Lebensgrund, vom Geist, der die Materie ins Dasein ruft, voll üppiger Vielfalt und Schönheit und Zweckmäßigkeit. Alles Sein hat einen Überschuss, ist nicht nur Glied in der Kette, Rädchen im Weltmechanismus, sondern ist überreich und schön und darauf aus, in seiner Heiligkeit erkannt zu werden. Lass dir nichts abhandeln von der Wunderbarkeit, Mensch sein zu dürfen auf dieser schönen armen Erde.

Noch erhält uns Gott die Kräfte! Noch! Der mir alle Vernunft und Sinne gegeben hat und noch erhält, der hat mir die Zeit nur geliehen. Es ist gestundete Zeit, gestundete Kraft. Nur eine unordentliche Zellvermehrung – und ich erlahme. Wie viel Bewahrung, wie viel Wunder, dass heute, jetzt, mein Herz noch angetrieben wird, zu schlagen. Ich will einverstanden sein, dass ich nur für kurze Zeit in diesem Körper beheimatet bin, ich will das Gott nicht vorwerfen in meiner Lebensgier. Meine Lust zu leben ist doch selbst Geschenk.

Wie kann ich, aus meiner Lust zu leben, Gott verklagen, dass ich kurz nur leben darf? Das, was ich dann nicht mehr kann, was ich schon bald nicht mehr können werde, das ist doch als Kehrseite der Fülle zu begreifen, die ich genießen darf, weil Gott mich aus dem Nichtsein ins Sein gerufen hat.

Du wirst genug haben, um du zu sein

Je mehr wir haben, desto weniger danken wir leider. Die, die nur das Notwendigste haben, sind dankbarer als wir. Und nehmen wir nicht oft den Hunger der anderen zum Vorwand, dass wir Gott nicht danken für das, was wir haben. Denn die, die ganz wenig haben, danken aus vollem Herzen in einer gelösten Sorglosigkeit, die uns beschämen muss. Klar ist aber auch: Wenn ich meinen Wohlstand mit Gott in Verbindung sehe, dann werde ich teilen, muss ich teilen. Ist das der eigentliche Grund, warum wir an Gott zweifeln? Weil das entpflichtete.

Dir darf gewiss sein: Gott ist für dich da. Du wirst genug haben, immer wirst du genug haben, damit du du sein kannst. Du kannst dich auf Gott verlassen. Du wirst zurechtkommen! Er gibt dir genug Kraft. Nicht immer soviel, wie du willst, geschweige auf Vorrat, aber so viel, wie du brauchst, um du zu sein, du zu werden.

Und das will ich bedenken: In Zeiten der Schwäche und des Mangels sind wir mehr verwandelt worden, wurden wir behutsamer und gütiger und dankbarer und großzügiger und wacher.

Sich auf Gott verlassen heißt: Leben in der Bereitschaft, verwandelt zu werden. Sich auf Gott verlassen heißt auch: Leben mit einer inneren Nabelschnur zum Ganzen. Du bist nicht isoliert, nicht abgetrennt, sondern Schwester, Bruder, Mitgeschöpf, mitleidend, mitfühlend. Dies Angeschlossensein an die leidende und gelingende Schöpfung, dies Dazugehören, das ist Glück.

Verlass dich darauf, dass Gott dich will. Du wirst seine Begabungen nutzen, dir und dem Ganzen zugute.

Da wird es Konflikte geben; zum Beispiel: Wie mir nützen, ohne dem Nächsten zu schaden. Aber manchmal schaden wir sogar, ohne dass es uns nützt. Diese Fahrlässigkeit, ja Beschädigungswut, diese Schadenfreude und rücksichtslose Gier vermeiden – es wäre schon ein volles Programm.

Vor allem Übel behütet und bewahret

Ich glaube, dass mich Gott bisher behütet hat und dich auch. Wir leben in einer so gefährlichen Welt, dass jeder Gang über die Straße, jede falsche Benutzung eines Haarföns uns in Lebensgefahr bringen kann. Jeder war schon in Not, und jeder Lebende hat seine eigenen Bewahrungsgeschichten. Hinzu kommt, dass wir neben viel Gutem auch viel Böses in uns haben: Hass und Gier und Überheblichkeit. Dass das Böse in mir mich noch nicht zur Untat weggerissen hat, zur Untat, die öffentlich geworden ist, das nehme ich nicht als Verdienst. John Bradford, ein Londoner Bürger um 1550, sah einen

Dieb auf dem Wege zum Galgen und sagte: «But for the grace of God there goes John Bradford» («Ohne die Gnade Gottes ginge doch ich dort»). Dass ich bisher bewahrt blieb, treibt mich, Gott zu danken. Sicher, wer mehr mit Gott ausgestanden hat, wird anders von Gott denken. Jedenfalls will ich nicht Glück und Unglück pauschal gegeneinander aufwiegen und sagen: Alles ist egal. Jeder steht im Schnittpunkt seines Glücks- und Unglückssystems. Jeder hat ein Recht auf seinen Glauben, seine Beziehung zum Geheimnis der Welt. Vielleicht ist noch der, der sagt: «Ich glaube nur an den Zufall», frömmer, als er meint. Vielleicht ist der Zufall nur die Gottesfurcht derer, die sich nicht zu glauben getrauen.

Und das alles aus lauter Güte und Barmherzigkeit, ohn' mein Verdienst und Würdigkeit. Des alles ich ihm zu danken und zu loben und zu dienen und gehorsam zu sein schuldig bin. So Martin Luther und ich mit ihm. Ich weiß mich verpflichtet, Gott zu danken. Schon wenn ich einen Fremden um die Uhrzeit bitte, bedanke ich mich. Wie müsste ich im Verhältnis dazu Gott für das Leben danken! Gott zu danken und ihm zu dienen ist das Normale. Und fast alle Menschen dienen Gott in der Normalität ihres Alltags, ob sie es wissen oder nicht. Aber wenn ich weiß, dass ich Gott gehöre, und lebe meinem Wissen entgegen für mich selbst, dann ist das Diebstahl an Gott. Ihm dienen, indem ich ihm helfe, seine Menschen und seine Kreatur zu schützen und zu bewahren, ist ein Lebensprogramm. Wem es glückt, der ist begnadet.

Glaub dich gut, Mensch!

Ist Gott für uns, wer kann gegen uns sein? (Römerbrief 8,31) Dieses Vertrauen des Paulus wünsche ich dir. Aber ist «Gott für uns» dir gegenwärtig, ist dir das Gegenüber offenbar, ist dir das, worin wir eingebettet sind, spürbar nahe? Vielleicht helfen die Bilder weiter: Du, ich, offene Enden, Ausläufer, Triebe des Großenganzen. Wir die Buchstaben, Er die Sprache; wir die Laute, Er das Sprechen; wir die

Noten, Er das Klingen; wir die Blätter, Er der Baum; wir die Zeitweiligen, Er die Zeit. Wir sind Werden und Vergehen, aber er betreibt uns. Er ist der Sinn und wir die Sinne. Er ist das Schöne, und wir die, die es ersehnen, nachahmen, es uns vorstellen, es übersehen und auch zertreten. Er die Energie, wir die Phasen. Er das Licht, wir die Belichteten. Er die Liebe, wir die liebend Geliebten. Er der Heilige Geist, wir die Begeisterten. Er Schöpfer, wir die Geschöpfe. Er das Ewige, wir die Befristeten. Gott, der, die, das Ganze – nehmen wir ihn wahr und die Folgen für unser Tun? Paulus sagt es eindringlich (Galaterbrief 4,9): «Nachdem ihr aber Gott erkannt habt, ja vielmehr von Gott erkannt seid, wie wendet ihr euch dann doch wieder den schwachen und dürftigen Mächten zu, denen ihr von neuem dienen wollt?»

Glauben, dass mich Gott geschaffen hat, das hat Konsequenzen bis in die Fingerspitzen.

Ich glaube an Jesus Christus, Gottes eingeborenen Sohn, unsern Herrn

Menschen, die vor uns an Gott glaubten, haben viel mit ihm erlebt: Er hat sich Israel als Befreier von der Pharaonenherrschaft zu erkennen gegeben (2. Mose 1–17: Auszug aus Ägypten), als Stifter von Gemeinschaft (2. Mose 20: die Zehn Gebote), als Freund und Richter Israels (Propheten), als Liebhaber des Lebens (Weisheit Salomos 11,23). Vor allem aber: Er hat in Jesus gelebt. Das Geheimnis der Welt hat einen Namen: «Fragst du, wer er ist, er heisst Jesus Christ» – sagt Martin Luther. Um besser glauben zu können, müssen wir mehr von Jesus wissen. Denn wie in einem Brennglas die Sonne gesammelt wird, so ist in Jesus Gott versammelt und kann uns Menschen entflammen. An ihm lerne ich, Gott nicht nur zu bewundern, sondern zu ihm zu reden und mit ihm zu leben.

Jesus von Nazareth / Galiläa

Eltern: Maria (hebr.: Mirjam) und Zimmermann Josef aus dem Hause David. Geboren zur Zeit des Kaisers Augustus, wohl 7 vor unserer Zeitrechnung, mehrere Geschwister, Beruf unbekannt, wohl auch Zimmermann. Erst mit etwa 30 Jahren trat er an die Öffentlichkeit. In der Taufe durch Johannes am Jordan sah er sich berufen zum Sohn, zum Knecht Gottes, in dem das Reich Gottes auf Erden anbricht. Er wirkte ein bis drei Jahre, meist in den Orten um den See Genezareth, scharte einen Kreis von Männern und auch Frauen um sich in einer Art Wanderkommune. Der innere Kreis seiner zwölf Jünger ist namentlich bekannt. Er war wohl nicht verheiratet, obwohl dies untypisch gewesen wäre für einen «Rabbi», einen Schriftgelehrten, als der er anerkannt war. Er legte die biblischen Schriften Israels aus, berief sich aber unmittelbar auf Gott und stellte der traditionellen Überlieferung sein «Ich aber sage euch» entgegen. Seine Worte waren durch wunderbare Zeichen beglaubigt, seine Gegner betrachteten sie dagegen als Zeichen des Teufels. Zuletzt suchte er die Entscheidung in der Hauptstadt Jerusalem. Bei seinem Einzug, wohl noch von einer Menge Erwartungsvoller begrüßt als Messias, wurde er von den Tempel- und Staatsinstanzen wegen Gotteslästerung bzw. Aufruhr gegen die römische Besatzung durch Kreuzigung hingerichtet. Am dritten Tag danach ist er Jüngerinnen und Jüngern erschienen, später 500 Menschen auf einmal, auch dem Paulus. Die ersten Christen sahen sich als Missionare ausgeschickt, das Evangelium von Jesus Christus auszubreiten und Kirche zu bauen.

Wirken und Wachsen und Denken der Urkirche sind in den Schriften des Neuen Testaments bewahrt. Die ältesten Schriften sind die Briefe des Paulus. In Erwartung des unmittelbar bevorstehenden Gerichts eilten die Christen der ersten Generation von Ort zu Ort, um noch schnell das rettende Evangelium auszuteilen. Mit Briefen (von denen wohl nur ein kleiner Teil erhalten blieb) suchten die Apostel Verbindung zu den eben gegründeten Gemeinden zu halten. Erst als die erste Generation zum Sterben kam, lernte man, sich in Geschichte zu schicken.

Als die Ohren- und Augenzeugen des irdischen Jesus immer weniger wurden, begann man die bis dahin nur mündlich weitergegebenen Worte und Taten Jesu aufzuschreiben. Wohl kein Evangelist hat Jesus persönlich gekannt. Markus schrieb das erste, das älteste Evangelium vermutlich 20–30 Jahre nach Jesu Tod und Auferstehen. Vor allem die Briefe des Paulus fassen Tun und Ergehen des Jesus in Theologie. Danach ist mit Jesus der Messias, der Christus (griechisch: der Gesalbte) Gottes gekommen und bleibt den ihm Glaubenden nahe, bis der Jüngste Tag anbricht. Außer den echten Briefen des Paulus und einem Brief von Petrus (möglicherweise) sind auch Schreiben unter angenommenen Apostelnamen aus der frühen Kirche bis etwa 180 n. Chr. im Neuen Testament erhalten. Die Evangelien bewahren auch authentische Worte und Tatsachen aus dem Leben des historischen Jesus, sind aber verfasst als die ersten Predigtbücher der Kirche, in denen der gegenwärtige Christus weiter spricht und in seinen Zeugen selbst das Wort nimmt.

Jesus Christus — Inbild der Bewahrung

Ich glaube an Jesus Christus, Gottes Sohn.

Jesus Christus ist mir Gottes Passbild auf dem Grund jeder Seele, ist Bürge und Pfand, dass wir unverbrüchlich dem Gutenganzen zugehören.

Dieses Bild kann übermalt werden durch Seelendiktaturen, kann erbleichen durch blindlings geführtes Leben, kann verzerrt werden durch herrische Gottes- und Menschenbilder, unter denen viele leiden.

Jesus Christus als Inbild der Bewahrung wieder finden in uns,. das würde friedensfähig machen. Dass er bei uns ist, alle Tage, hat er versprochen. Dass wir ihn suchen, ihn zu uns sprechen lassen, ist unser Auftrag.

Die Worte und Taten Jesu und sein Geschick immer wieder hören, lesen, sie herzlich durchnehmen, immer wieder, kräftigt das uns mitgegebene Christusbild. Jesu Geschichten helfen das Bild vom gottverbundenen Menschen in mir zu belichten: So könnte ich selbst entwickelt werden von dem Jesus Christus, meinem Herrn. Die Geschichten und Worte Jesu entdecken mich mir.

Die Geschichte Lukas 15,11–32 entdeckt mich als einen der verlorenen Söhne, als eine der verlorenen Töchter, die tot waren und wieder gefunden wurden vom mütterlichen, väterlichen Grund. Und ich sehe mich und dich mit anvertrauten Talenten begabt und zur Verantwortung gezogen (Matthäus 25,14–29). Und ich sehe uns alle herausgerückt aus der hochmütigen Frage: Wer ist denn mein Nächster? Wir werden aus der Position des Besitzenden und Habenden hingerückt in die Rolle des Schwerverletzten, der am Boden liegt und heranfleht den, der ihm Nächster wird (Lukas 10,25–37).

Ich finde mich auch in der Geschichte des kleinwüchsigen Zachäus (Lukas 19,1–10). Der Immer-zu-kurz-Gekommene beschloss, aus Banknoten sich einen Sockel zu bauen und Geld zu machen gegen die Interessen seiner Mitmenschen. Er wurde Kollaborateur der römischen Besatzer. Aber Jesus, als er nach Kapernaum einzieht, entdeckt diesen kleinen Geldmann zwischen den Zweigen eines Baumes und lädt sich zu ihm ein: Ich muss heute zu dir kommen, ich muss es, ich muss es tun, denn du bist mehr als ein Geldmann, du kannst viel mehr. Und Jesus macht ihn groß durch sein Zutrauen, und er kann von seiner Geldversessenheit ablassen.

Einige Geschichten, auf den Leib geschneidert

Einige Geschichten sollen so hingehalten werden, dass man sie sich anziehen kann. Vom Leser wird dazu ein Vorschuss an Vertrauen erbeten, dass der gegenwärtige Christus durch die alten Texte hindurch uns erreichen will. Nur wenn wir uns ansprechen lassen wollen, können wir die Texte ansprechend finden. Wir müssen ein Stück mitspielen, um dann zu sehen, ob wir lieber die Alten bleiben wollen.

Sich zensierend raushalten wollen, das zieht Jesu Wort auf sich (Matthäus 11,16 f.): «Mit wem soll ich diese Leute vergleichen? Sie gleichen den Kindern, die auf dem Markt sitzen und andre rufen ihnen zu: Wir haben euch zur Freude aufgespielt, aber ihr tanzt nicht. Wir haben's mit Trauerliedern versucht, aber ihr wolltet nicht klagen.» Was wollt ihr denn außer meckern?

Hochzeit zu Kana – Fülle und Mangel

Vom Evangelisten Johannes als «erstes Zeichen» Jesu überliefert ist «die Hochzeit zu Kana». Dazu vorweg, was ein Heutiger unter Stocken erzählte: Lange trank ich meinen Wein allein, bis endlich,

endlich der ersehnte Mensch kam. Zum ersten Mal lud ich ihn zu mir nach Hause ein. Es sollte ein Fest werden. Aber es war kein Wein da. Die kristallenen Gläser standen bereit, aber ich fand keinen Wein. So geht es mir immer. Ich komme nicht zur Freude, höchstens zu ein bisschen Trost.

Eine biblische Geschichte Johannes 2,1–11 ist in gleicher Bildersprache erzählt:

«Und am dritten Tage war eine Hochzeit in Kana in Galiläa, und die Mutter Jesu war da. Jesus aber und seine Jünger waren auch zur Hochzeit geladen. Und als der Wein ausging, spricht die Mutter Jesu zu ihm: Sie haben keinen Wein mehr. Jesus spricht zu ihr: Was geht's dich an, Frau, was ich tue? Meine Stunde ist noch nicht gekommen. Seine Mutter spricht zu den Dienern: Was er euch sagt, das tut.

Es standen aber dort sechs steinerne Wasserkrüge für die Reinigung nach jüdischer Sitte und in jeden gingen zwei oder drei Maße. Jesus spricht zu ihnen: Füllt die Wasserkrüge mit Wasser! Und sie füllten sie bis obenan. Und er spricht zu ihnen: Schöpft nun und bringt's dem Speisemeister! Und sie brachten's ihm. Als aber der Speisemeister den Wein kostete, der Wasser gewesen war, und nicht wusste, woher er kam – die Diener aber wussten's, die das Wasser geschöpft hatten – ruft der Speisemeister den Bräutigam und spricht zu ihm: Jedermann gibt zuerst den guten Wein und, wenn sie betrunken werden, den geringeren; du aber hast den guten Wein bis jetzt zurückbehalten.

Das ist das erste Zeichen, das Jesus tat, geschehen in Kana in Galiläa, und er offenbarte seine Herrlichkeit. Und seine Jünger glaubten an ihn.«

Die Rollen
Ja, nehmen wir die Geschichte als Zeichen Jesu, seine Herrlichkeit zu offenbaren – damals in Kana, heute in uns.

Probieren wir die verschiedenen Rollen aus. Das Stück spielt in deiner Seele, die Personen sind Kräfte in dir.

Das ist Jesus, die Leuchtkraft auf dem Grund deiner Seele, deine

Heilenergie, die Verwandelkraft in dir. Zur Seite gute Geister; Jünger, Begabungen, Talente.

Du bist auch Braut oder Bräutigam. Du feierst Hochzeit, du lässt dich einem anderen anvertrauen. Du willst fortan immer wieder einig werden mit diesem anderen. Du glaubst, ihr gehört zueinander, und weil du das glaubst, wächst dir die Kraft zu, etwas an dir zu tun, um euch immer wieder zu einigen.

Ob Gott und Welt, Frau und Mann, Leib und Seele, Bewusstsein und Empfinden Hochzeit feiern: Auf ewig ungeteilt, zwei-einig soll die Losung sein. Zwei Gegensätzliche werden ein Paar, haben sich festgemacht aneinander. Jetzt geben sie ein Fest. Alle sollen Zeuge sein: Zwei und doch ein Ganzes. Ein Hoffnungsprojekt, Grund zum Jubeln, zur Äußerung von Freude und Glanz und Fülle.

Du bist auch Gastgeber, freust dich an der Mitfreude anderer. Die Mitfreude stützt dein Wagnis.

Du bist auch Wein. Element der Freude, Zeichen für Sonntag, für Ehre, für Üppigkeit, Stoff für Traum und Jauchzen, für Freundschaft. Gelöste Zungen, gelöste Herzen.

Du bist auch Autorität, die Übersicht hat und sagt, was nötig ist. Du hast anweisende Seiten. Sagst anderen, was sie tun und lassen sollen. Du bist auch Mutter Maria, die meint, dem Christus den Platz und die Zeit zuweisen zu müssen.

Du bist auch leerer Krug. Kommst dir vor, wie hingestellt, nützlich; andere bedienen sich deiner, wenn sie wollen, und wehe, du bist nicht ganz dicht.

Du bist auch Personal, musst tun, was dir nicht einleuchtet: Wasser in Krüge gießen, wo Wein gefragt ist. Aber du schleppst und schleppst. Du bist ja nicht zuständig, was daraus wird.

Du bist auch Speisemeister, Zensierer, hast deine Vorschriften, weißt, was sich gehört. Bewachst die Ordnung. Hast dein Bild von dem, was geht und was nicht geht. Du merkst eine Unregelmäßigkeit, dass da Wasser zu Wein wurde! Nun gut – keines Lobes, keines Staunens wert, aber dass der gegen die Ordnung besser ist als der erste – ärgerlich, ärgerlich.

So weit die Rollen in diesem Stück, das in Kana, in unser aller Seelen spielt.

Welcher Rolle willst du ähnlich werden?
Du hast noch Spielraum, du musst nicht automatisch weiterlaufen. Du bist nicht programmiert. Du kannst ein eigener Mensch werden, deine Hauptrolle finden. Aber du bist auch ein Ensemble vieler Rollen.

Du musst Hochzeit feiern wollen – die Versöhnung des Getrennten musst du erstreben. So viel Zerrissenes ist in dir! Du musst die Einigung deiner Person wollen, sonst bleibst du unstet und flüchtig zwischen Selbstverachtung und Überheblichkeit. Deine Seele muss mit deinem Körper einig werden, du mit Gott, dem Ganzen, und dem je Nächsten.

Du musst auch Maria aushalten. Du musst den Autoritäten Paroli bieten, die dir reinsprechen. Die Tonbänder der Befehle von Vater und Mutter und voriger Gefährten schreien noch in deinem Kopf. Erwachsen geworden, darfst du sagen: «Was geht's dich an, was ich tue. Meine Stunde ist noch nicht gekommen.»

Du musst auch Mangel leiden. Viel gibt's in deinem Leben, was dir die Freude verdirbt. Da müssen wir durch, und dann kommt das nächste, da müssen wir auch durch. Das Paradies war uns hier nicht versprochen. Zum Bewusstsein erlöst und verdammt sind wir Menschen.

Die Frage: «Warum das mir?» bleibt der Fels, an dem wir uns wundreiben. Mängelwesen sind wir Menschen. Immer fehlt was, und manchmal droht das Verschlingende, das Fehlende zum Satan zu werden. Und zu Tode betrübt kauern wir nieder, von Lasten bald zerdrückt.

Aber es kann auch nur Peinliches sein, das dir widerfährt. Du möchtest am liebsten vom Erdboden verschluckt sein. Doch Kleinmachen hilft nicht. Du bist zuständig und stehst da, dem Zorn und dem Gelächter preisgegeben.

Das alles sind wir auch.

Aber in uns steht auch Jesus Christus

Auf dem Grund unserer Seele treibt die Christus-Energie ihr Wesen, die von Gott ist. Die schöpferische Freudekraft, entdecke sie in dir!

Vielleicht liegt sie noch in Windeln gewickelt in der Krippe deiner Seele, bandagiert und klein gehalten, aber aus ihr soll der kommen, der in dir Herr ist. – Jesus, Freudenmeister!

In dir ist Freudefähigkeit. Du weißt es, du spürst «die Empfindung der Vollständigkeit, den Lebenszunder» (P. Handke).

Froh und frei sich zu begegnen, diese Empfindung hast du geschmeckt, und du empfindest das lichterlohe Bewusstsein: Diesen Augenblick wirst du nicht vergessen. Fortan gleichst du einem Film, der belichtet wird, und es entwickelt dich die Erinnerung (M. Frisch). Und dabei wird Wasser zu Wein, mitten in den natürlichen Handgriffen, in den alltäglichen Gefäßen. Du spürst dich mit dem, was du nicht bist, verbunden, nah und ganz. Du teilst Mangel und Fülle mit. Du gehst nicht mehr schattengleich durch Menschen und leere Räume. Du siehst dich verschwistert mit Gott und der Welt.

Du besorgst dem bedürftigen Bräutigam den Anzug, weil du dir vorstellen kannst, an seiner Statt zu stehen. Du streichelst den Altgewordenen, weil du dann auch einmal noch gemocht sein willst. Du widerstehst dem Unrechttuenden, weil du es als gut empfunden hast, dass einer dich zurechtwies, als du Unrecht tatest.

Der Christus in dir wird dich lehren. Zwei Hände hast du: Pflicht und Liebe. Du wirst sie besser gebrauchen und die Welt umarmen und beackern im Schweiße deines Angesichts. Du wirst beten und kämpfen und heulen und schreien und scherzen.

Lass den Christus in dir die Wunder der Ganzheit tun

Du, kein abgeschlagener Zweig am Baum des Lebens! Du bist zur Freude fähig, und du bist noch viel Freude schuldig. Du bist doch noch erst im Werden. Das Spiel ist noch lange nicht aus. Sag nicht: «Ich bin, wie ich bin.» Das mögen Steine meinen. Du aber bist noch von Gott im Spiel gehalten.

Doch wie viel Anschnauzer musst du als Maria, als Patriarch, als herrischer, fürsorglicher Zuteiler noch einstecken, ehe du dich bekehren lässt. Wie viel Wunder willst du als Zensor, als Beurteiler noch verschlafen, bis du endlich aufwachst zu deinem Leben?

Wie lange schlägst du die Freude aus und bist mit einem bisschen Trost zufrieden und bleibst in grämlichem Murren befangen bis zur nächsten Ablenkung. Stell dich endlich deiner Entbehrung, krieg endlich dein großes Heulen!

«Irgendwann muss uns das Entsetzen erreichen, sonst gibt es kein Weiter» (M. Frisch).

Und dann – das bezeugen die, die durch tiefes Leid gegangen sind – ach, was heisst gegangen, sie sind geschleppt worden – dann am Ende des Tunnels: Frieden in deinem Herzen, Offenbarung, – der Himmel steht dir offen. «Du Gott hast mir die Klage in einen Reigen verwandelt», spricht der Beter im Psalm 30,12.

Du wirst dir und anderen zu Brot und Wein
Du erstehst von den Toten, fährst auf mit Flügeln wie Adler (Jesaja 40,30) – Ja, solange wir leben, bleibt es dabei: Es gibt gute und böse Tage. Nichts hier ist von Dauer. Aber der Christus in uns macht uns stark wie ein Baum. Und dann werden wir selbstgefällig und müssen wieder auf unser Normal-Maß gestutzt werden. Ein Schlag trifft uns, aber es soll nicht dunkel bleiben über denen, die in Angst sind (Jesaja 8,23). Christus, Freudenmeister, richtet dich auf.

Lass dich von ihm verwandeln: Er zieht dich in die unendliche Geschichte Gottes hin zur Freude. Und was an Freude jetzt schon gelingt, ist im Kern Vorfreude. Denn die Entbehrung gehört zum Weg.

Die Tochter des Jairus – Furcht und Glaube

«Und als Jesus wieder herüber gefahren war im Boot, versammelte sich eine große Menge bei ihm, und er war am See.

Da kam einer von den Vorstehern der Synagoge, mit Namen Jairus. Und als er Jesus sah, fiel er ihm zu Füßen und bat ihn sehr und sprach: Meine Tochter liegt in den letzten Zügen; komm doch und lege deine Hände auf sie, damit sie gesund werde und lebe. Und er ging mit ihm hin und es folgte ihm eine große Menge, und sie umdrängten ihn.

Als er noch so redete, kamen einige aus dem Haus des Vorstehers der Synagoge und sprachen: Deine Tochter ist gestorben; was bemühst du weiter den Meister? Jesus aber hörte mit an, was gesagt wurde, und sprach zu dem Vorsteher: Fürchte dich nicht, glaube nur!

Und er ließ niemanden mit sich gehen als Petrus und Jakobus und Johannes, den Bruder des Jakobus. Und sie kamen in das Haus des Vorstehers, und er sah das Getümmel, und wie sehr sie weinten und heulten. Und er ging hinein und sprach zu ihnen: Was lärmt und weint ihr? Das Kind ist nicht gestorben, sondern es schläft. Und sie verlachten ihn. Er aber trieb sie alle hinaus und nahm mit sich den Vater und die Mutter und die bei ihm waren, und ging hinein, wo das Kind lag und ergriff das Kind bei der Hand und sprach zu ihm: Talita kumi – das heißt übersetzt: Mädchen, ich sage dir, steh auf!

Und sogleich stand das Mädchen auf und ging umher; es war aber zwölf Jahre alt. Und sie entsetzten sich sogleich über die Maßen. Und er gebot ihnen streng, dass es niemand wissen sollte und sagte, sie sollten ihr zu essen geben.» (Markus 5,21–24. 35–43)

Ich habe das Bild aus meiner Kinderbibel noch vor mir. –

Ein unsagbar schmales milchfarbenes Mädchen mit großen Augen richtet sich auf, von Jesu Hand mehr begleitet als gezogen. Im Hintergrund schlagen Vater und Mutter die Hände über dem Kopf zusammen, als wüssten sie nicht, wie sie den Leuten draußen das erklären sollten: Das Mädchen eben noch tot, jetzt darf und kann es leben.

Aber nicht, dass Jesus das Sterben rückgängig gemacht hätte, wie man einen Film rückwärts laufen lässt, und der am Boden Liegende steht wieder auf – dann wäre das Mädchen ja bald wieder gestorben, so schmal und weiß, wie es war. Jesus muss etwas Heilendes gebracht haben, was den Eltern und dem Kind hilft. Doch ich wusste lange nicht was, habe aber aus Kindergottesdienstzeiten behalten, dass Totsein und Leben irgendwie verschlungen sein müssen. Wer lebt, lebt und wer tot ist, ist tot – so einfach entweder/oder ist das nicht.

Das Kind ist nicht tot – sondern schläft. Von diesem Wort her hat seit Kindertagen das Totsein für mich etwas Schwebendes, ganz Unbestimmtes. Als Fünfjähriger sah ich in einem Bauernhaus ein Kind, wenig jünger als ich damals, aufgebahrt, in weißem Kleid, mit Blumen besteckt, als ginge es gleich zu einem Fest. – Aber das Lebendige war schon entwichen, war schon vorweg geeilt, als hätte es sich der Hülle entledigt, die jetzt fern unter ihm die Leute noch beschäftigt.

Für uns Lebendige, die wir den Sarg umstanden, war das hier tot. Aber nur, weil sein Lebendiges von uns weggegangen war in ein ander Land vielleicht. – Was ist der Tod, wohin führt er uns? Diese Frage bricht über uns herein, schon wenn wir einen Vogel begraben. «Tot ist tot» ist keine Antwort, das spüren Kinder ganz genau, auch wenn wir Erwachsenen so sicher tun. Und Leben ist ja genau so schwebend – merkwürdig. Da kann einer über Jahre gelähmt im Rollstuhl sitzen, aber in Gedanken durchschreitet er Welten und Geschichtsepochen und dichtet Zu-Herzen-Gehendes. Ein anderer geht schnellen Schritts, aber sein Geist ist abgestorben vor lauter Zerstreuung.

Leben und Tod warten noch auf Klärung. Die Geschichte von Jairus' Tochter könnte ein Lichtblick sein, wenn, ja wenn wir nach Leben im Leben suchen und dem Tödlichen, dem Versteinernden, dem Ausweglosen mitten im Leben entgehen wollen.

Nehmen wir (mit E. Drewermann) an, Jairus ist ganz sorgenvoller Vater; die Eltern halten ihr Kind in zärtlicher, aber abdichtender Obhut. – Das Mädchen von zwölf Jahren, damals im Orient das heiratsfähige Alter, ist ihr ein und alles. – Die Eltern ängstigen sich um Sie. Halten ihr Sorgen, Schmerz, Mühen fern, wollen sie bewahren, meinen es immer gut, wollen ihr Bestes – aber eben das, was die Eltern als Bestes für sie aussuchen. Sie sortieren, sie halten die Welt von ihr ab. Sie fühlen sich zuständig, verantwortlich. Sie könnten sich nie verzeihen, wenn ihr etwas zustieße. Das Kind verkümmert unter ihrer fürchterlichen Obhut. Wie bandagiert fühlt es sich, in seiner Lebenskraft gelähmt, zurückgepfiffen durch Ordnungsrufe aller Art, das Selbstvertrauen ist ihm abgehandelt für eine bequeme Sicherheit, die zuvorkommende Sorgfalt räumt dem Kind einen goldenen Käfig ein, es wird ferngehalten von dem, was es beschmutzen könnte. – So kann es keine Widerstandskräfte entwickeln, nicht gut und böse unterscheiden lernen, nicht Gottvertrauen erproben. Und sein Interesse an sich selbst erlahmt. – Die Reste von Sehnsucht, einmal frei zu sein, wachsen in ihm zum Todeswunsch.

Der Vater ruft Jesus zur Hilfe. Jesus geht mit, unterwegs noch aufgehalten und verstrickt in ein anderes Heilsverlangen. Da kommen einige vom Personal: «Bemüh den Meister nicht mehr.» Und der Vater weiß endlich, endlich nicht mehr, was er tun soll und ist reif für Jesu Lektion: «Fürchte dich nicht. Glaube nur!»

Du kannst, du musst die Sorge um deine Tochter aufgeben.

Berge dich endlich in der Zuversicht: Ein anderer ist zuständig fürs Leben deines Kindes. Du bist nicht der Herr über Leben und Tod. Du bist Mitarbeiter, der Lebensmittel – Liebe, Nahrung, Beispiel besorgt. Aber glaub dich eben nur als Handlanger mit begrenzter Haftung. Du machst nicht die Welt gut. Du bist deinem Kind für eine Zeit der erste Gefährte in einer schwierigen Welt. Solange du nicht glaubst an den guten Gott, solange du dich und das Kind nicht im guten Zusammenhang glaubst, musst du dich für des Kindes Deckung und Schutz halten. Und musst dich dauernd fürchten; musst jeden Schritt des Kindes von dir weg fürchten. Solange du deine Kräfte als Garantie fürs Leben hältst, musst du dich fürchten, immer nur fürchten. Du kannst nicht mal ruhig schlafen, weil du dann ja nichts unter Kontrolle hast. Und der Tod muss dir der schärfste Feind sein: Weil du in seinem Bereich keine Macht hast. Ja, du bist voller Panik vor dem Tod, deinem eigenen, und dem deiner Tochter, weil du dann nicht mehr befehlen und schützen und kontrollieren kannst. Aber fürchte dich nicht. Glaube nur. Lern dies: Du und dein Kind in guten Händen.

Auf dem langen Heimweg mit Jesus könnte Jairus gelernt haben. Ja, ich will loslassen, will sie freigeben, und wenn sie aus dem Hause geht, ich sie nie mehr sehen dürfte, Hauptsache, sie findet zu sich und ist gerne sie selbst. Im Bild gesprochen: Die Tochter muss nicht mehr in den Tod fliehen, um frei zu werden! Als er sie losließ, brauchte sie nicht mehr zu sterben.

«Talita kumi», sagt Jesus zu ihr: Mädchen, steh auf! Aufersteh du zu deinem Leben, auf eigenen Füßen, auf eigene Verantwortung, auf eigenes Gottvertrauen, auf eigene Faust. Und sogleich stand das Mädchen auf, stand auf zu ihrem eigenen Lebenslauf, und packte die Mühen an, erwachsen zu werden, das heißt in das Notwendige einzustimmen ohne Vormund.

Die Eltern entsetzen sich über die Maßen – ihnen ist das Kind gestorben, sie dürfen nicht mehr sorgen und behüten und verwöhnen. Aber eine Tochter, eine Frau, ein eigener Mensch ist ihnen neu geboren. Und wenn sie ihre Sorgeslust zügeln können, wird diese Tochter oft zu Besuch kommen, weil sie nicht bedrängt wird zu bleiben.

Und sie wird – gebt ihr zu essen – sie wird noch lange der Eltern Geld annehmen, um in Ruhe ihren Platz in der Gesellschaft zu finden, wenn, ja wenn die Eltern so klug werden, auf direkte Einflussnahme zu verzichten.

Fürchte dich nicht, glaube nur! Das eröffnet weiten Horizont. Wir werden hineingezogen in ein beherztes Leben und Lebenlassen. Wir können viel, die anderen auch, und wenn ich nichts mehr tun kann, wird für mich gesorgt. Und wenn ich hier nicht mehr leben kann, werde ich anderswo erwartet.

Aber erst noch sollen wir kräftig leben und unser Lieben hier ausgeben. Jesus wirft die aus dem Haus, die voreilig die Totenklage anheben. Sie schläft nur! sagt er von dem Mädchen. Sie ist noch nicht vollendet. Sie kann noch wachsen und werden, dies lernend: Fürchte dich nicht, glaube nur!

Die Heilung des Blinden – Krankheit und Überwindung

«Und Jesus ging vorüber und sah einen Menschen, der blind geboren war.» Und seine Jünger fragten ihn und sprachen:

«Meister, wer hat gesündigt, dieser oder seine Eltern, dass er blind geboren ist?» Jesus antwortete: «Es hat weder dieser gesündigt noch seine Eltern, sondern es sollen die Werke Gottes offenbar werden an ihm. Wir müssen wirken die Werke des, der mich gesandt hat, solange es Tag ist; es kommt die Nacht, da niemand wirken kann.» Als er das gesagt hatte, spuckte er auf die Erde und machte daraus einen Brei und strich ihn auf die Augen des Blinden und sprach zu ihm. «Geh zu dem Teich Sibah und wasche dich.» Da ging er hin und wusch sich und kam sehend wieder. (Johannes 9,1–7)

Wir gehen an viel Leid vorüber
Auch an uns, wenn wir leiden, gleitet die Welt vorbei. Jeder ist mit seiner Last erst mal allein, und er macht sich sogar einsamer. Man will nicht verletzt werden durch nachlässige oder ungeduldige Menschen, hält selbst Abstand und kann sich selbst nicht leiden. Eingeschüchtert mache ich mich im Leid dünne.

Jesus ging vorüber und sah einen Menschen, der blind geboren war. Geht er vorüber? Jesus eilt nicht von einem Kranken zum anderen. Er entzieht sich öfters. Er will nicht heilen am Stück, er kann es nicht.

Es ist Sinnloses, es ist Furchtbares in der Welt, es ist Ungerechtigkeit hier. Es ist Mangel hier. Blind geboren sein, das ist Katastrophe. Da bleibt Leben hinter seinen Möglichkeiten zurück, ist Rückfall in augenlose Frühzeit – ein Jammer, ein Elend.

Der Leidende als Lehrstoff

Und seine Jünger fragen ihn. Sie nehmen den Blinden als Fall, er genügt ihnen als Stichwortgeber für ein Stück Theologie auf dem Weg: Leid ist Strafe. Aber wer hat gesündigt, er oder seine Eltern? Man kann Gelehrsamkeit zeigen. Nicht mehr wie früher ist er automatisch schuld. Vielleicht trägt er stellvertretend das Leid anderer. Voraussetzung dieser Logik bleibt: Leid ist Strafe, Leid ist Sühne. Diese Logik ist vernünftig ableitbar: Wenn Gott, der Schöpfer aller Dinge, gut ist, dann ist Leid eigentlich nicht möglich. Da aber Leid vorhanden ist, muss es Strafe sein.

Das Leid anderer lässt sich so leicht bewältigen: Wem es gut geht, der ist gesegnet; wem es schlecht geht, der ist bestraft. Wohlstand und Wohlergehen und reine Haut als Belohnung – Krankheit, Armut als Bestrafung. Dann hat man zum Wohlergehen noch die höheren Weihen und zum Leid hinzu den Makel.

Vielleicht mussten andere Zeiten so denken. Aber Jesus wischte diesen Richterfratzen-Gott vom Tisch der Diskussion.

Schon Hiob hat nachweislich schuldlos gelitten. Aber die «leidigen Tröster» haben auch damals darauf bestanden: Wo Leid ist, ist Schuld. Die relativ leidlos durchkommen, können mit dieser Theorie die Leidenden verbannen. Oder sie können sie ehren als Helden: In euch ist ein anderer wiederverkörpert und trägt jetzt seine Schuld ab. Du bist ja nicht du. Du bist ja ein anderer. Und so «entwichtigen» wir den Leidenden schon wieder und verbannen den Menschen. Aber Jesus macht diese fromm scheinenden Spekulationen zunichte.

Der Leidende als Anwärter auf Heilung

Es hat weder dieser gesündigt noch seine Eltern. Also hat nicht der Kranke schuld. Die Ursache von Leid liegt nicht im Versagen und Versäumen des einzelnen. Wir müssen nicht einen Gott über uns wähnen, der Krebs oder Aids oder Blindgeborensein auf uns wälzt. Diese Vorstellung vom strafenden Gott gehört zur Steinzeit der menschlichen Religion: Zeus setzt auf den an den Felsen geschmiedeten Prometheus den Adler an, der dessen Leber tags weghackt, die nachts dann wieder nachwächst. Aber seit Jesus ist Gott anders. Der als Strafe für zu viele Umarmungen Aids ausstreut – dieses Gottesbild ist von Jesus zerschlagen. Es hat weder dieser gesündigt noch seine Eltern. Sondern: es sollen die Werke Gottes offenbar werden an ihm. Das ist grandios. Das ist Aussicht auf neue Schöpfung: Weiter Horizont wird eröffnet; da ist der leidende Mensch nicht Opfer am Ende, sondern er ist Anfang von Heilwerden. Du bist nicht krank, weil, weil ..., sondern damit die guten Werke erscheinen. Du bist nicht böses Ende eines Sündenfalls, sondern ein Anheben von Werdewelt.

Und wir; sagt Jesus, wir müssen die Werke Gottes wirken, solange es Tag ist. Das ist noch ein kämpferischer Ruf, nicht im Leid stecken zu lassen; ein Ruf zum Heilen und Helfen, so gut wir können.

Wir müssen die Werke Gottes wirken, sagt Jesus und spuckt auf die Erde und macht daraus Brei.

Leid als Defizit in Gottes Werk

Wir haben heute andere Methoden der Salbenherstellung. Aber dieser Elan, sich mit dem Leid des anderen nicht abzufinden; dieser Jagdtrieb, Lebensförderndes zu wirken, dieser Wille, Leid zu wenden und so ein Werk Gottes zu tun – diese Inbrunst hat Jesus zur Welt gebracht. Und wenn diese Inbrunst, Leid zu wenden, Jesu Geist ist, dann ist die Erde voll des Geistes Jesu, voller als die Kirchen am Sonntag.

Noch mal zur Krankheit: Wir dürfen die mütterliche, väterliche Gottesliebe glauben, sie umfängt uns. Mit allem sind wir in Gottes Hand. Aber – nicht alles kommt aus Gottes Hand. Jesus nimmt Krankheit und Leid als Mangel, als Defizit in Gottes Werk. Wie hätte er denn nur einen heilen können, wenn er gemeint hätte, dass Blindheit von Gott verfügt sei. Schmerz soll geheilt werden, so gut wie möglich.

Krankheit hat medizinisch ihre Gründe. Sicher kann Lebensführung zu einzelnen Krankheiten beitragen – Raucherbein,

Gastritis, sicher wirkt gesellschaftliches Verflochtensein mit am Zustandekommen – man denke nur an alle Formen von Leid aus Unfällen.

Aber Krankheit hat nur den Sinn, dass Gottes Werk offenbar werde. Der Sinn der Krankheit ist ihre Überwindung (M. Josuttis).

Alle brauchen die Hilfe aller

Darum, Leid ist Zeit für Klage, Trauer, Jammern, für Gottanrufen, Zeit, die Psalmen wieder lieb zu gewinnen als das Gesangbuch der Klage, des Schmerzes, auch des Jubels. Darum ist persönliches Leid auch für Öffentlichkeit bestimmt. Der Gesunde braucht den Kranken mindestens wie umgekehrt; denn der Kranke hat einen Vorsprung von Erfahrung, der trösten kann. Die die Kranke meiden, müssen vor Angst vergehen. So büßen sie, sie höhlen sich aus vor Berührungsangst.

Aber – es sollen die Werke Gottes offenbar werden: Jeder ist noch bei Gott in Arbeit, keiner fertig. Wir alle werden unser Leben lang zuende geboren von Gott. So ist auch die Welt nicht Heimat, sondern was zum Hindurchgehen. Dazu brauchen wir Gefährten, und wenn du keinen hast, ist es deine Pflicht, Alarm zu schlagen.

Wir müssen die Werke Gottes wirken, sagt Jesus. Und Freundschaft ist Werk Gottes, das Sehen lehrt. Ja, gegen Blindheit aller Art hilft Freundschaft. Sie lässt einander erkennen.

Jesus und die Ehebrecherin und die verwandelten Richter – Recht und Wahrheit

(Johannes 8,1–11) Das Böse ist nicht einfach vorhanden, es muss benannt werden. Wir löffelten damals Möhrenbrei und bildeten kleine, niedliche Häufchen auf die Tischdecke, bis Mama verlauten ließ: «Baba». Und was alles andere bekam in unserer Kindheit noch den Stempel «baba» oder «das tut man nicht» oder «böse, böse».

Und auch im Großen ist das Böse nicht einfach vorhanden. Es

muss als Böses bezeichnet, als Böses gebrandmarkt werden. Es muss ihm die Maske des Ordentlichen abgerissen werden. Es muss ans Licht der Öffentlichkeit gezogen werden, sonst wuchert es im Dunkeln und bildet immer mehr Sumpf.

Was muss eine Gesellschaft, was muss ich unbedingt «böse» nennen? Diese Klärung ist uns ein Leben lang aufgegeben. Die Zehn Gebote, die gesammelten Erfahrungen von Generationen deuten eine Richtung an: Leben bewahren, Gemeinschaft bauen, Vertrauen nicht zerstören. Und: Du bist vor Gott für deine Macht verantwortlich; missbrauch sie nicht. Gutes begrenzt Macht zugunsten von Freiheit, Gleichheit und hoffentlich auch Brüderlichkeit. Unrecht benennen ist lebenswichtig. Erkennen, was gut und böse ist, bleibt Auftrag in einer schwierigen Welt.

Ein Leuchtfeuer auf diesem Weg sendet die Erzählung, die im Johannesevangelium 8,1–11 aufbewahrt ist. Überschrieben mit «Jesus und die Ehebrecherin» ist diese Geschichte und die vom «verlorenen Sohn» und die vom «barmherzigen Samariter» wohl das intensivste Saatgut für unsere Gewissen. Lies sie mit der Frage: «Was sagst du dazu?»

Frühmorgens kam Jesus wieder in den Tempel, und alles Volk kam zu ihm; und er setzte sich und lehrte sie.

Aber die Schriftgelehrten und die Pharisäer brachten eine Frau zu ihm, im Ehebruch ergriffen, und stellten sie in die Mitte und sprachen zu ihm: «Meister, diese Frau ist auf frischer Tat beim Ehebruch ergriffen worden. Mose hat uns im Gesetz geboten, solche Frauen zu steinigen. Was sagst du dazu?» Das sagten sie aber um ihn zu versuchen, damit sie ihn verklagen könnten.

Aber Jesus bückte sich und schrieb mit dem Finger auf die Erde. Als sie nun fortfuhren, ihn zu fragen, richtete er sich auf und sprach «Wer unter euch ohne Sünde ist, der werfe den ersten Stein auf sie.» Und er bückte sich wieder und schrieb auf der Erde. Als sie aber das hörten, gingen sie weg, einer nach dem anderen, die Ältesten zuerst.

Und Jesus blieb allein mit der Frau, die in der Mitte stand. Jesus aber richtete sich auf und fragte sie: «Wo sind sie, Frau, hat dich niemand verdammt?» Sie antwortete: «Niemand, Herr.» Und Jesus sprach: «So verdamme ich dich auch nicht; gehe hin und sündige hinfort nicht mehr.»

Nicht Ehebruch ist das Thema

Diese Geschichte, erst spät in das Johannes-Evangelium gekommen, ist eine Beispielgeschichte, nicht zum Thema «Ehebruch», sondern zum Thema «Richten». Ehebruch ist nur das juristische Material. Laut 5. Mose 22,22 stand früher auf Ehebruch Tod durch Steinigung, allerdings für beide, die verheiratete Frau und den Mann.

Wir Heutigen müssen, dürfen, sollen das Gebot «Du sollst nicht ehebrechen» (2. Mose 20,14) auf der Folie lesen: «Du sollst Gott lieben und deinen Nächsten wie dich selbst» (Lukas 10,27 aber auch schon 3. Mose 19,8). – Ich glaube, wir dürfen es so verstehen: Gott liebend und deinen Nächsten wie dich selbst, brichst du nicht die Ehe. Der Ehegefährte gelte dir als der erste Nächste, dir anvertraut, dass du ihn förderst, sein Glück schützt, und ihr einander helft, euch als Geliebte zu erkennen. Aber nicht ist einer des anderen Besitz.

Ehe kann als Besitzverhältnis missverstanden werden. Wie unter einem Vergrößerungsglas erscheint diese Frau, die zu Jesus geschleppt wird, als Besitz, als Verfügungsmasse des Mannes. Damals hatte der Eheherr das ausschließliche Recht auf Nutzung ihrer Geschlechtseigenschaften. Ich sage diese unflätige Definition ausdrücklich, um das Objekthafte klar zu machen. Noch in Luthers Aufzählung: «Nehmen sie den Leib, Gut, Ehr; Kind und Weib» – rangiert die Frau als dem Manne anvertrautes Gut.

Dagegen sollten wir heute so weit sein, dass Ehebruch gleichberechtigt zu definieren ist und zwar ausschließlich nur von den beiden Ehegefährten. Ob sexuelle Untreue oder ganz andere Taten den beiden als Ehebruch gelten, müssen sie miteinander ausmachen. – Wenn einer die Ersparnisse auf ein geheimes Konto bringt oder mit einem Dritten gegen den Ehegefährten paktiert und ihn der Lächerlichkeit preisgibt, kann das die Ehe brechen, während eine fremde Umarmung die eheliche Liebe möglicherweise beflügeln kann.

Doch das gilt: Du sollst die Ehe nicht zerbrechen. Du sollst nicht eheflüchtig werden, und du sollst nicht in eine Ehe einbrechen.

Die Pest des Richtens

Soweit zum Fall, anlässlich dessen eine wunderbare, befreiende, heilende Klärung ergeht: Es geht nämlich um Recht und Unrecht des Richtens.

Da kommen Rechtskundige und prangern die Frau an. Sie nennen ihr Tun böse. Sie benutzen die Frau. Einmal – sie wollen Jesus eine Falle stellen. Aber da die Geschichte erst hundert Jahre später auftaucht, ist es unwichtig, jetzt historisch aufzuschlüsseln, worin die Falle damals bestanden haben könnte. Wir sind es, die, wenn wir richten, den anderen benutzen.

Wenn wir verurteilen, wenn wir einen strafen, was treibt uns denn dann? Wir fühlen uns verletzt, uns angegriffen, uns nicht ernst genommen. Eine Frau putzt alle drei Wochen die Fenster. Die Nachbarin putzt nur dreimal im Jahr die Fenster. Die Drei-Wochen-Putzerin würde es sich gern leichter machen, beneidet die andere, gesteht es sich aber nicht ein. Sie weiß es möglicherweise nicht, dass sie sie beneidet. Sie traut sich die Freiheit nicht zu. Sie muss die Freizügigere eine Schlampe nennen, um ihr Maß zu behalten. Ein Mann schwärzt den Kollegen an wegen krummer Kilometerabrechnungen. Er erhofft sich Pluspunkte. Oder einer auf der Autobahn: 100 km Tempo ist vorgeschrieben. Er fährt links, will andere zu Korrektheit zwingen. Mit welchem Gefühl denn? Ich helfe der Umwelt, sagt sich der Bremser. Ganze Kolonnen müssen jetzt langsam fahren. Immer sind wir beim Anprangern gefährdet, andere zu benutzen.

Nur schwer lässt sich diese Selbstgefälligkeit vermeiden. Darum haben wir bei so viel Reden im Bundestag ein schlechtes Gefühl. Sie triefen vor Empörung, aber man hat oft den Eindruck, der Ankläger habe gar nicht die zu Unrecht Behandelten im Auge, sondern seinen Ruf als moralisch Besserstehender. Wir brauchen anscheinend Flecken auf anderer Leute Westen, damit unsere makellos erscheint. Wenn wir andere anprangern, fällt für uns Prunk ab. Darum hören wir ja auch so gern Dämlich- und Schlechtigkeiten von nebenan. Es ist, als würde Schadenfreude uns mästen.

Am Unrecht anderer verdienen

Die Männer, die dem Jesus die Frau vorführen, sind Rechtsverwahrer. Sie kennzeichnen Unrecht, was an sich löblich und nötig ist. Aber wir dürfen nicht daran verdienen. Und sie haben daran verdient. Doch Jesus wirft ein Netz über sie, über uns.

Soeben redeten wir noch in der 3. Person. Sprachen von «der da, die da», haben irgendeinen in die Mitte gestellt, in guten Abstand, einen Steinwurf weit, auch damit wir ihm nicht zu sehr in die Augen schauen müssen.

Und Jesus treibt uns aus der 3. Person heraus, treibt uns ins Ich. «Wer ohne Sünde ist, der werfe den ersten Stein», sagte Jesus und meint: wer werfen will, der muss erst sagen: Ich, ich bin ohne Sünde. Also zieht Jesus die, die wurf bereit dort stehen, mit in den Kreis.

Ich in der Mitte

Das ehrt die Richter, sie sind die Helden. Sie werden unter Jesu Anrede zu Personen mit eigenem Gewissen und eigener Geschichte. Sie fragen: Was habe ich mit ihr zu tun? Und sie mit mir? Opfere ich sie stellvertretend auch für meine Fehler? Zerre ich sie an die Öffentlichkeit, damit mein Fehl verborgen bleibt? Wer traut schon dem, der «haltet den Dieb» schreit, Böses zu. Und hatte ich nicht auch Lust, mit ihr mich einzulassen?

Worin ich den anderen verurteile, verurteile ich mich mit

Warum gehe ich so scharf mit andern ins Gericht? Der Seelenmechanismus geht so: Was ich an mir hasse, das lade ich auf andere ab. Dies beendet Jesus: Meine Sünden in den anderen bekämpfen, um mich zu retten, ist eindeutig Unrecht. Um so wunderbarer die Heilung der Richter; die eben noch meinten, ihnen stehe das Urteilen zu, lassen sich verwandeln zu Mitbetroffenen.

Die Verwandlung noch einmal, gesehen mit den Augen der verurteilten Frau: Ich im Kreis, alle anderen auf Abstand. Jeder einen Brocken in der Hand gleich werden sie mich zerschlagen. Innerlich haben sie mich schon zerrüttet, haben meine innersten Angelegenheiten ans Licht gezerrt. Sie haben mir die Fingerabdrücke ihrer Neugier aufgedrückt. Fingerabdrücke ihrer Habgier, ihrer Straflust, ihres Krämergeistes. Und gleich wird der Steinhagel losgehen. In meinem Rücken werden sie anfangen. Doch in die Stille vor dem Kommando – dies Machtwort: Wer ohne Sünde ist, der werfe den ersten Stein.

Und unschlüssig wiegen die Richter ihre Steine hin und her und treten von einem Fuß auf den anderen und schauen und legen ihren Stein ab und – gehen weg, die Ältesten zuerst.

Und ich merke, wie das Leben in mich einkehrt, wie mir noch einmal Zeit gewährt ist, und ich werde weggehen können, noch mal ein Werk tun können, noch mal ich selber werden dürfen, ein Stück mehr.

Der mich so herauszog, der die anderen bekehrte – jetzt ruft er mich vor sich. Verurteilt er? Von ihm ließe ich es mir gefallen. Doch er: «Hat dich niemand verdammt?» Sie antwortete: «Niemand, Herr!» – «So verdamme ich dich auch nicht. Gehe hin und sündige hinfort nicht mehr.»

Das ist das Traumbild meines Freispruches. Und wie könnte ich dann noch losgehen und andere bezichtigen und ihnen auflauern und sie ertappen wollen, verurteilen und bestrafen wollen. Ich habe doch wahrlich genug damit zu tun, zu sehen, dass ich nicht falle. Und, wenn ich noch Kraft habe, dann soll ich dem Gestrauchelten aufhelfen.

Meinen Anteil am Leid der Welt sehen
Unser Umgang mit Schuldiggewordenen muss anders werden. Nicht Strafe hilft, nicht Abstand halten. Wir müssen helfen, dass der, der geschadet hat, wieder gutmachen kann. Und müssen an ihm wieder gutmachen. Nur im äußersten Notfall darf Freiheit entzogen werden, um ihn vor weiterem Zerstören zu bewahren.

Wie sind wir doch Begünstigte, wir, die wir nicht offenkundig gegen das Gesetz handeln müssen, um unsere Bedürfnisse zu stillen. Wenn wir einigermaßen die Nächstenliebe und die Eigenliebe zusammenhalten können, ist das doch Bewahrung. Dies soll uns bewahren vor Verurteilen und Richten. «Was siehst du,» sagt Jesus, «den Splitter in deines Bruders Auge. Nimm zuerst den Balken aus deinem eigenen Auge, dann kümmere dich um deines Bruders Splitter» (Matthäus 7,3).

Gottvertrauen und Weltverantwortung

Jesus sieht die Seinen von einer ungeheuren Dynamik getrieben. Gottvertrauen könnte sie zum «Salz der Erde», zum «Licht der Welt» (Matthäus 5, 13.14) machen. Aber wir sind eher scheu, angepasst, unauffällig, bieder; ordentlich, maßvoll. Zum Gesprächsstoff zu werden, gar zum Gespött, das gilt uns als unanständig.

Zaghaft und duldsam gemacht worden

Gottvertrauen war in unseren Breiten oft verquickt mit Gehorsam gegen die Obrigkeit. Kein Wunder, dass Könige, wenn sie auch die oberste Kirchenleitung hatten, Ruhe als erste Bürger- und Christenpflicht ausgaben. Hinzu tritt die Scheu, sich hervorzutun, das übliche Gruppenverhalten. «Nimm dich nicht so wichtig!» Das Lied: «Was Gott tut, das ist wohlgetan» hat viel dazu beigetragen, Missstände als gottgewollt hinzunehmen. Und mit moralischer Empörung wurde den Menschen die Wut, die Entrüstung, der Schmerz, der Zorn abgekauft, als wären Gefühle, vor allem die aggressiven, eben nur böse und verachtenswert.

Dabei legt der verborgene Betreiber des Lebens seine Energien in uns. «Schaffet, dass ihr selig werdet mit Furcht und Zittern. Denn Gott ist es, der in euch beides wirkt, das Wollen und Vollbringen, nach seinem Wohlgefallen» (Philipperbrief 2,12) Gottvertrauen ohne Weltverantwortung – das ist doch der Baum, von dem Jesus sagt, dass er ohne Früchte ins Feuer geworfen wird (Matthäus 7,19). Du vertraust Gott, dass sein Reich kommt; also bist du verantwortlich, dass die Fundamente schon gelegt werden. Du vertraust Gott, dass er Gerechtigkeit herbeiführt; also bist du verantwortlich, dass Unrecht weniger wird. Du vertraust Gott, dass seine Wahrheit die Welt erhellt; also bist du verantwortlich, dass nicht Lüge sich für Wahrheit ausgibt. Du vertraust Gott, dass die Liebe mehr wird; darum linderst du Lieblosigkeit, Einsamkeit, Hunger. Gottvertrauen und Verantwortung gehören zusammen wie Baum und Frucht. Verantwortungsloses, selbstzufriedenes Gottvertrauen ist wie ein hohler Baum, ist Ausbeutung und Illusion. «Immer habe ich Gott vertraut, aber meine Kräfte habe ich für mein Zurechtkommen gebraucht. dass diese mit zum Kräftehaushalt Gottes gehören, habe ich nicht bedacht.» – Das ist ein Sündenbekenntnis, welches auch ich über mich bringen muss.

Aber Gott sei Dank, dass der Grund der Welt noch unsere verqueren Taten zum Guten münzt. Wir sind fürs Nächstliegende so scharfsichtig, aber fürs Ganze so blind (R. Musil). Dass dennoch aus unserm Klein-klein Bruchstücke eines Ganzen werden, ist sein Geheimnis. Unter Jesu Anleitung könntest du schon Lust bekommen, dich eingespannt zu sehen in größere Verantwortung.

Es ist ja so: Mitgegeben ist uns Vernunft, die vernimmt, was gut ist, was mehr wert ist, und Verstand, der die Mittel besorgt, zweckmäßig und kräfteschonend. Wir lernten, unsere Hände zu verlängern in Werkzeugen, unsere Füße zu verlängern in Fahrzeugen, unsere Gehirnfähigkeit zu vergrößern durch Denkzeug: Schrift, Bücher, Computer, Datenbank, Prozessrechner, in denen wir tausend Möglichkeiten durchspielen können.

Uns ist geradezu geboten, dass wir selig werden, glücklich, heil, und Glück und Auskommen der anderen mit im Blick haben. «Schaffet, dass ihr selig werdet» ist keine Einladung, für dermaleinst einen Schatz guter Werke und Gedanken zu sammeln. Ich verstehe es für heute. Und zwar so: «Schaffet mehr wertes Zusammenleben, erschließt sanfte Energiequellen, baut Häuser mit familiengünstigen

Grundrissen, erwirtschaftet solidarisch, entwickelt fehlerfreundliche Techniken, vor allem fehlerfreundliche Gesellschaftsformen, in denen Macht nicht gewalttätig benutzt wird und Versäumen korrigierbar ist. Schafft das mit Furcht und Zittern, mit letztem Ernst, denn der Verborgene, der Gute richtet das Seine in uns aus. Nicht zu fassen, wie wichtig unser Tun und Lassen ist.»

Christus, unser Herr, zieht uns in Gott

Das ist so schwer zu denken. Wir müssen uns mit Bildern behelfen. «Gott war in Christus und versöhnte die Welt mit sich selbst» (2. Korinther 5,19). «Er kam in sein Eigentum» (Johannes 1,11). «Er wohnte unter uns» (Johannes 1,14). Der weit vom Irdischen weg gedachte Gott zieht sich menschliches Leben an, teilt den Lebenslauf Jesu und offenbart sich so als die Seele von allem, als roter Faden, der sich durch alles Lebendige zieht. Ist es nicht überheblich, uns Menschen so wichtig zu nehmen? Alle menschliche Liebe und Freude wären Kristalle von Gottes Wesen und unsere Lebenszeiten Teilstrecken seiner Zeit. Dass Jesus «der Erstgeborene» unter vielen Brüdern und Schwestern ist (Römer 8,29), dürfen wir das so auf uns anwenden? Gott beruft uns auch zu Söhnen und Töchtern und will in uns seine Liebeskraft leuchten lassen und sein Schöpfersein genießen. Dann sind wir Kinder der Sehnsucht Gottes nach sich selbst. Es ist nicht zu fassen, aber zielt nicht Jesu Wort in diese Richtung? «Seid vollkommen, werdet ganz, wie es euer himmlischer Vater ist» (Matthäus 5, 48) – das ist nicht als moralische Forderung, sondern als übergroße Verheißung gemeint. Ich darf mich mit Gott zusammengehörig glauben und darf in Gott leben und mich als eine Faser von Gott verstehen und meinen Lebenslauf als eine Strecke von seinem Lebenslauf.

Ich kann das nur mit Furcht und Zittern wahr sein lassen: Das Geheimnis der Welt betreibt in uns und gegen uns sein Projekt, das Ganzwerden des Lebendigen. Natürlich könnte das Gott auch ohne uns. Aber Martin Luther sagt es so schön: «Er will es nicht allein tun. Er will, dass wir mit ihm wirken, und tut uns die Ehre, dass er mit uns und durch uns sein Werk wirken will.» Noch ein anderes Bild von Luther: «Wir sind berufen zu Künstlern, die ihm gleichen. Selbst nur als Künstler zu glänzen, das ist nicht die beste Art von Künstlertum, aber andere heranzubilden, die ihm gleich sind, das macht Gott zum wahrhaft liebenswerten Künstler.»

Damit ist auch angedeutet, warum wir Jesus als Herrn brauchen, als Herrn und Meister. Weil wir Auszubildende sind, weil wir Lehrlinge sind in der Liebe. Darum müssen wir bei Jesus in die Schule gehen, um unser Misstrauen, unseren Selbsthass, auch die eigensüchtige Selbstliebe loszuwerden. Und wenn wir vom Weg abkommen, dann brauchen wir seine Worte, brauchen sie als inneres Licht, um uns die Nachtgespenster der Seele vom Halse zu halten. Wenn wir uns selbst verloren haben, dann helfen uns die Geschichten Jesu, uns nach Hause zu tasten.

Zu Hause, am richtigen Platz, bin ich, wenn ich mir Christi Machtwort gefallen und wahr sein lasse: «Ich bin der Weinstock, ihr seid die Reben. Wer in mir bleibt und ich in ihm, der bringt viel Frucht» (Johannes 15,6). Das ist kein Gehorchen unter Zwang, das Herrsein des Christus macht mich nicht unfrei. Gehorcht man der Musik, gehorcht das Auge den Farben, gehorchen die Reben dem Weinstock? Musik schließt uns auf, Farben leuchten, dass uns die Augen aufgehen, der Weinstock setzt die Reben aus sich heraus. So ist Jesu Herrsein auch.

Empfangen durch den heiligen Geist, geboren von der Jungfrau Maria

Wir Heutigen sind ja Erben einer langen Taten- und Denktradition, sind sozusagen das vorläufige Ende eines langen Traditions-Seiles aus Leiden, Mühen, Gedanken, Gesetzen und Sprache und Glauben. Die Nachricht vom Gottessohn Jesus hat eine lange Vorgeschichte. Sie reicht tief in die Erfahrungen Israels zurück. Wohl 2000 Jahre vor Christi Geburt fing Gott an, sich den Menschen zu erkennen zu geben. Abraham und Sara, Isaak und Jakob empfingen als erste deutliche Zeichen. Ihre Nachkommen waren Sklaven in Ägypten. Unter Mose wurden sie in die Freiheit geführt. Gott schloss einen Bund mit dem Ziel: Treue gegen Treue, so sagt es Israel. Aber politische Katastrophen ließen an Gott verzweifeln. Da weissagten die Propheten, dass ein Retter kommen werde, der Gesandte Gottes, der Messias: «Ein Gerechter wird er sein, ein Helfer, ein Friedensfürst, unter dem die Menschheit die Schwerter zu Pflugscharen umschmieden und die Feindschaft verlernen wird» (Messiasverheißungen zum Beispiel Jesaja 9; 42; 53, Micha 5; Sacharja 9).

Geburt ohne Schlagzeilen

Im Buch «Weisheit» 18, 14 heißt es: «Als alles still war und inmitten des Schweigens ruhte, da fuhr dein allmächtiges Wort vom Himmel herab.» Jesu Geburt geschah in der Stille. Wie er zur Welt kam, liegt in völligem Dunkel.

In der Taufe des Johannes geschah ihm die Versiegelung zum Sohn. Die Stimme vom Himmel (Markus 1, 11): «Du bist mein lieber Sohn» hat Anklang an das Inthronisierungswort der israelischen Könige, bewahrt in Psalm 2,7: «Du bist mein Sohn, heute habe ich dich gezeugt.» Dort geschah das Sohnwerden durch Adoption, durch Ernennung. Auch Johannes war sich im Unklaren über die

Bedeutung dieses Jesus. Er lässt später bei Jesus anfragen: «Bist du, der da kommen soll, oder sollen wir auf einen anderen warten?» Jesus ließ ihm ausrichten: «Sagt, was ihr hört und seht – Blinde sehen, Lahme gehen, und Armen wird das Evangelium gepredigt. Und selig ist, wer sich nicht an mir ärgert» (Matthäus 11, 3–6).

Jesus weiß für sich: «Ich und der Vater sind eins» (Johannes 10,30). Doch er hält auch die Unterscheidung fest: «Himmel und Erde werden vergehen, aber Tag und Stunde weiß auch der Sohn nicht, nur der Vater» (Markus 13,31 f.). Auch betet er zum Vater. Als es ihn am Kreuz zerriss, sah er die Einheit in Frage gestellt. Seine Jünger meinten dann, Gott habe ihn aufgegeben. Erst später zeigte ihnen der Auferstandene, dass sein Eins-Sein mit Gott nie aufgehört hat.

Unter den ersten Christen waren Durchdrungene, Heilige. Sie dachten Gottes Lebenslauf in diesem Jesus nach, so, dass klar wird: Jesu Kommen ist nichts historisch Abgelegtes, nichts Einmaliges, Vergangenes. Sondern Er, das Licht der Welt, kommt wieder und wieder, von Generation zu Generation und will in uns Mensch werden, will in dir und mir Fleisch und Blut annehmen.

Die Weihnachtsgeschichte

Dabei geht es nicht um Menschenwillen, nicht um Körperkraft und Denkvermögen. Den Christus zeugen nicht wir. Nicht wir können die Gottesgegenwart erzwingen. «Das Gesetz ist durch Moses gegeben. Die Gnade und Wahrheit aber ist durch Christus geworden» (Johannes 1,17). Nicht unser Leisten beschafft Hoffnung und Liebe und Bündnistreue, sondern wir finden uns vor als von Gott Versöhnte und Berufene.

Ein Gleichnis dafür ist: Nicht wir zeugen Christus, sondern wir empfangen ihn vom Heiligen Geist, und er kommt durch uns zur Welt. Wir sind Gefäß für Wahrheit und nicht ihre Macher. Diese Überzeugung schwingt mit bei den Evangelisten Matthäus und Lukas: Auch der irdische Jesus ist empfangen vom Heiligen Geist, geboren von der Jungfrau Maria. Die Geburt des Jesus zur Zeit des Augustus wird von Lukas gemalt als ein zeitloses Muster, «ein Bild von der Wirklichkeit im Zustand der Gnade» (W. Benjamin), wie es verheißungsvoller nicht gedacht werden kann. Unter den natürlichen Gegebenheiten wirkt Gott sein Kommen in die Welt. Ein Kaiser befiehlt eine Steuererhebung. Ein Paar zieht deswegen in die Geburtsstadt des Vaters, nach Bethlehem, weil er aus dem Hause und Geschlecht Davids war. Bei Maria und Josef kommt ein Kind zur Welt. Das ist Gott selbst in Gestalt des Sohnes. Und er wird seine Menschenbrüder und -schwestern aufklären über unser aller Verwandtschaft, ja, er wird uns dieses Verwandtsein bringen: Wir sind nicht von schlechten Eltern, sondern sind Gottes Kinder, Gottes Filialen (filius, filia = lat. Sohn, Tochter) auf dieser Erde. Den Hirten erscheinen Engel. Die falten ihnen das Geheimnis auf, das eben nicht von dieser Welt ist.

Lukas schildert Jesu Geburt nicht als einmalige, historische Tatsache. Er liefert ein Drehbuch der ewigen Aufführung Gottes, mit uns als Personal. Auch wir sind berufen, eine Maria, ein Josef oder Stall oder Krippe des Jesus zu sein. Auch wir sind dazu berufen, dem Jesus bei uns innen Raum zu geben, gemäß dem wohl innigsten Weihnachtslied (EKG 28): «Ach lass mich doch dein Kripplein sein, ach komm und lege bei mir ein, dich und all deine Freuden.»

Die Weihnachtsgeschichte ist kein Tatsachen-Protokoll von Jesu Geburt. Wer aus den biblischen Geschichten herauspräpariert, dass Maria nur Leihmutter und Josef Pflegevater sei, zerstört das Bild. Es will uns gerade zeigen, was nicht abbildbar ist: Gott kommt in uns zur Welt, nicht aus unserem, sondern aus Gottes Willen.

Gottes Sohn hat normale Eltern

«Empfangen vom Heiligen Geist, geboren von der Jungfrau Maria» ist eine tiefere Wahrheit. Sie schließt nicht aus, dass Maria und Josef die leiblichen Eltern des Jesus sind – in ganz normaler biologischer

Üblichkeit. Doch diese Herkunft (wie ja auch die unsrige) ist vergleichsweise unwichtig, verglichen mit der viel tiefer reichenden Herkunft von Gott. Paulus flicht beides ineinander in: «geboren nach dem Fleisch aus dem Geschlecht Davids, eingesetzt als Sohn Gottes nach dem Geist, der heilig» (Römerbrief 1,34).

Auch die beiden Evangelisten Matthäus und Lukas, die als einzige das «Geboren von der Jungfrau Maria» erzählen, halten am Vater Josef fest. Beide Evangelisten übermitteln Stammbäume, die von Adam bzw. Abraham her auf Josef und dann Jesus zulaufen. Die Ahnentafeln wollen zeigen, das die Offenbarungsgeschichte Gottes auf Jesus geradewegs hinzielt. Wäre Josef aus dem Stamm Davids nur Ziehvater, verlören die Tafeln eben diese Beweiskraft, um derentwillen sie ja in die Evangelien eingefügt sind.

Das Nebeneinander des Stammbaums, der auf Josef zuläuft, und «Geboren aus der Jungfrau» deutet an, dass Matthäus und Lukas sich über das Bildhafte ihrer Darstellung im klaren sind. Dafür spricht auch, dass beide Evangelisten an anderer Stelle von Jesus als dem Sohn Josefs reden (Matthäus 13,55 und Lukas 4,22). Die Jungfrauengeburt ist kein biologisches Ereignis, sondern ein seelisches Muster mit wiederum langer Vorgeschichte.

Ein folgenreicher Fehler?

Aus dem 7. vorchristlichen Jahrhundert stammt die Weissagung des Jesaja: «Siehe, eine Jungfrau ist schwanger und wird einen Sohn gebären, den wird sie Immanuel (Gott mit uns) nennen» (Jesaja 7,14). Die Lesung «Jungfrau» steht aber gar nicht im hebräischen Urtext, sondern in der griechischen Übersetzung des Alten Testaments, die den Evangelisten vorlag. Diese fehlerhafte Übersetzung bereitete den fruchtbaren Boden für die aus griechischem Denkraum stammende Idee der Jungfrauengeburt. Berühmte Männer galten immer schon als «Göttersöhne», so Perseus, Herakles, Alexander. Sie galten standesgemäß als Söhne von Göttern und als von

Jungfrauen geboren. Für das griechische Denken war die jungfräuliche Geburt das mindeste, was einem Sohn Gottes zusteht. Matthäus und Lukas taten nichts Unrechtes, als sie den Normen ihrer Zeit entsprachen und das Prestigeetikett «von der Jungfrau geboren» benutzten, um den Zeitgenossen klarzumachen: Dieser Jesus ist Gottes Repräsentant, sein Sohn, ja, Er selbst. Das Konzil von Chalcedon hat dann 451 n. Chr. die Formel festgelegt: «Wahrer Gott und wahrer Mensch».

So ist wohl die Jungfrauengeburt ein Bild, mit dem ein Teil der frühen Christen das Unsagbare sagen, das nicht Vorzeigbare abbilden wollte. Wenn Lukas ausmalt, wie das Kommen Jesu vor sich ging, will er eigentlich sagen, was vor sich ging und geht, als Christus Mensch wurde – und es immer wieder wird.

Gelitten unter Pontius Pilatus, gekreuzigt, gestorben und begraben, hinabgestiegen in das Reich des Todes

In diesem dürren Satz summiert das Glaubensbekenntnis Jesu wunderbares Leben. Das reine Faktum seines zur Welt- und zu Tode gekommenseins ist der Kern der christlichen Substanz. Paulus sagt es im Philipperbrief 2,6 ff. so: «Er, der in göttlicher Gestalt war, beutete es nicht für sich aus, Gott gleich zu sein, sondern entäußerte sich selbst und nahm Knechtsgestalt an, wurde den Menschen gleich und auch der Erscheinung nach als Mensch erkannt. Er erniedrigte sich selbst und wurde gehorsam bis zum Tod, ja zum Tode am Kreuz. Darum hat ihn auch Gott erhöht ...»

Jesus war Gottes Double, in die intensivste menschliche Beziehung (jedenfalls damals) übersetzt: sein Sohn, Gott noch einmal. Gott, bzw. sein Herz, sein Ich, sein Sohn, blieb nicht selbstzufrieden, autark, entrückt. Sondern er nahm das Menschsein an, im Wesentlichen und in der Wirkung. Er wurde Mensch und nicht ein Prominenter, nicht ein Reicher oder Mächtiger. «Am Anfang der Stall, am Ende der Galgen» (W. Jens) – das sind die Ausgangs- und Endpunkte eines Knechtslebens. «Der Menschensohn ist nicht gekommen, dass er sich dienen lasse, sondern dass er diene und gebe sein Leben für viele», sagte Jesus von sich selbst (Matthäus 20,28). Das älteste Evangelium, das des Markus, ist eigentlich eine Passionsgeschichte mit ausführlicher Einleitung (M. Kaehler). –Zielgerichtet auf sein Sterben hin wird Jesu öffentliches Wirken beschrieben, skizzenhaft nur sind Jesu Taten und wenige Worte festgehalten. In den noch älteren Briefen des Paulus ist sogar kaum ein Wort, eine Tat Jesu zitiert, eben weil die nackte Tatsache grundstürzend ist: Gott starb für uns diesen Tod, anstelle all der von Gott wegreißenden Tode, die eigentlich als Konsequenz, Frucht, «Sold unserer Sünde» (Römerbrief 6,23) uns zuständen.

Theologische Deutungen des Kreuzestodes

Es brauchte viel Zeit, um herauszufinden, was eigentlich passiert war und dies dann gedanklich zu verarbeiten. Und dieses Klären, was der Christus bedeutet, ist ja noch immer im Gange. Das erste Deutungsschema war »der Sohn Davids«, der auch politisch mächtige Messias, wohl noch von Jesu Anhängern gehegt bei dessen Einzug in Jerusalem (Matthäus 21). Vielleicht hat auch Judas den Jesus durch Auslieferung provozieren wollen, endlich die Maske des sanften Heilands fallen zu lassen.

Nach Enttäuschung der Herrscher-Erwartung lagen aber in den Verheißungen Israels andere Muster bereit: So der Gottesknecht, der unsere Krankheiten trägt (Jesaja 53,4), der endgültige Hohepriester (Hebräerbrief), das endgültige Sühneopfer «Gottes Lamm» (Johannes 1,29) sind nur einige. Von den aus griechischem Denkraum stammenden Mustern ist das des Johannes prägend geworden: Der sich in die Welt einsenkende Logos (Geist) Gottes hat am Kreuz die Belichtung, die Erleuchtung der Welt vollendet. Am Kreuz erleidet Jesus nicht die Gottesverlassenheit. Der Schrei, bei den andern Evangelisten verwahrt, «Mein Gott, warum hast du mich verlassen», ist aufgehoben. Statt dessen ordnet der Herr die unterm Kreuz Versammelten zur neuen geschwisterlichen Gemeinde: «Das ist dein Sohn; das ist deine Mutter» (Johannes 19,26 f.); dies entsprechend dem Gebot: «Bleibt in meiner Liebe (15,9)!» Auch bei Matthäus ist der Liebesdienst des Jesus als des wahren Moses deutlich verankert in seinen Weisungen, gebündelt in der Bergpredigt (5–7). Lukas sieht Jesus als Begründer des Reiches Gottes, das mitten unter uns im Anbruch ist (17,21), wenn wir dem liebenden Gott glauben und ihm helfend zur Hand gehen. Paulus, der entscheidende Theologe der Urchristenheit, benennt die wirkungsträchtigste Klarstellung. Nicht die Werke des Gehorsams, sondern Gott selbst macht uns ihm gerecht (Römerbrief 3,28). «Gott war in Christus und versöhnte die Welt mit sich selbst … So sind wir nun Botschafter an Christi Statt: Lasst euch versöhnen mit Gott (2. Korintherbrief 5,19 ff.).»

Jesu Tod ist nicht zu verstehen «als Vorgang in einem Mechanismus beleidigten Rechtes» (J. Ratzinger). Nicht eine abstrakte Gerechtigkeit, die über Gott stände, verlangt ein Opfer.

Nicht Gott muss durch ein Opfer versöhnt werden, sondern unsere schauerlichen Götzenbilder vom allmächtigen «Herrn der Heerscharen», und die entsprechenden Angst- und Gewaltbilder in uns werden von Gott versöhnt.

Genau diese Aufklärung unserer Seelen hat Jesus in Wort und Tat bewirkt. Sie wird am Kreuz auf die Probe gestellt und in der Auferstehung besiegelt. So ist Jesu Reden und Handeln mit seinem Leiden und Sterben ein Ganzes. Seine Passion für den liebenden Gott und die bedürftigen Menschen machte, dass er den Straftod für Gotteslästerung auf sich nahm.

Die Passionsgeschichte lesen als Leidensgefährte

Man muss die Passionsgeschichten immer wieder lesen (Markus 14–16; Matthäus 26–28; Lukas 22–24; Johannes 18–21), sollte auch die Passionen von Bach oft hören. Sie sind voller Anknüpfungspunkte. Jeder kann sich einfädeln, kann im Garten Gethsemane mit den Jüngern wegschlafen, während Jesus verzagt (Matthäus 26,36 ff.); kann mit Judas verraten (26,14 ff.) oder mit Petrus verleugnen (26,69 ff.), kann mit Pilatus sich vor der Wahrheit drücken, indem er sie relativiert: «Was ist Wahrheit?» (Johannes 18,38); kann Geißelung und Verspottung Jesu mit vollziehen (Johannes 19,1 ff.), kann Jesus für eine Strecke das Kreuz abnehmen mit Simon von Kyrene (Matthäus 27,32), ihn mitkreuzigen (27,33 ff.), sich mit den Verbrechern zu Jesu Rechten und Linken identifizieren (Lukas 23,39 ff.) oder mit den treugebliebenen Frauen unterm Kreuz weinen.

Die Leidensgeschichte kennzeichnet dich und mich als Mittäter an Jesu Kreuzigung und gleichzeitig als die Begünstigten seines stellvertretenden Leidens.

Der das «Gott ist die Liebe» lebte, wurde in der Folter so zugerichtet, dass er als gottgestraft erscheinen musste. Seine Widersacher wussten nicht, was sie taten. Sie wähnten sich als Vollzugsbeamte eines höheren Orts gefällten Urteils. «Sein Blut komme über uns und unsere Kinder» (Matthäus 27,25) hat Israel nicht geschrien. Dieser furchtbare Fluch ist sicher Eintrag der frühen Kirche, die (auch) noch nicht verstand, warum dieser Tod sein musste. Der Antisemitismus, der im Unverständnis der ersten Christen angelegt ist, hat den fortgesetzten Sündenfall der Kirche gegen Israel bis zu Auschwitz und darüber hinaus bewirkt.

Wir fragen, wie kann Gott das Leid in der Welt zulassen, fragen es immer noch, immer wieder. Aber wir werden auch gefragt: «Du Mensch, wie kannst du mich so leiden machen?» «Gelitten unter Pontius Pilatus» hält fest, dass der Leidtragende der Welt Gott selbst ist. Genau hier, am historisch fixierten Ort im Weltgeschehen, liegt die Grundlage des Lebens offen: Das Geheimnis der Welt kann uns leiden, und darum leidet er mit uns und an uns. Aber beruft uns auch zu seinen Leidensgefährten, die ihr Kreuz auf sich nehmen (Markus 8,34).

Dietrich Bonhoeffer schreibt zum Mitleiden als Auftrag der Christen: «Wir sind gewiss nicht Christus und nicht berufen, durch eigenes Tun und eigenes Leiden die Welt zu erlösen, wir sollen uns nicht Unmögliches aufbürden und uns damit quälen, dass wir es nicht tragen können, wir sind nicht Herren, sondern Werkzeuge in der Hand des Herrn der Geschichte, wir können das Leiden anderer Menschen nur in ganz begrenztem Maße wirklich mitleiden. Wir sind nicht Christus, aber wenn wir Christen sein wollen, so bedeutet das, dass wir an der Weite des Herzens Christi teilbekommen sollen in verantwortlicher Tat, die in Freiheit die Stunde ergreift und sich der Gefahr stellt und in echtem Mitleiden, das nicht aus der Angst, sondern aus der befreienden und erlösenden Liebe Christi zu allen Leidenden quillt.

Es ist unendlich viel leichter, im Gehorsam gegen einen menschlichen Befehl zu leiden als in der Freiheit eigenster verantwortlicher

Tat. Es ist unendlich viel leichter, in Gemeinschaft zu leiden als in Einsamkeit. Es ist unendlich viel leichter, öffentlich und unter Ehren zu leiden als abseits und in Schanden. Es ist unendlich viel leichter, durch den Einsatz des leiblichen Lebens zu leiden als durch den Geist. Christus litt in Freiheit, in Einsamkeit, abseits und in Schanden, an Leib und Geist, und seither viele Christen mit ihm» (aus: Widerstand und Ergebung).

Gekreuzigt, gestorben und begraben, hinabgestiegen in das Reich des Todes

In der alten Form hieß es: «niedergefahren zur Hölle» und bezeichnete Jesu tiefste Erniedrigung. Die neue, ökumenische Fassung: «hinabgestiegen in das Reich des Todes» belebt eine andere Vorstellung wieder: «dass Christus den Geistern im Gefängnis gepredigt hat, die vor Zeiten ungehorsam waren» (Petrus 3,18). – Diese im Neuen Testament nur einmal vorkommende Idee hält fest, dass auch die Menschen, die vor Jesus gelebt haben oder nie vom Evangelium erreicht wurden, noch eine Chance erhalten. Aber diese Hoffnung entspringt doch erst aus der Auferstehung Christi.

Ich wünsche mir das «Niedergefahren zur Hölle» ins Glaubensbekenntnis zurück, weil damit der äußerste Tiefpunkt des Sterbens Jesu bezeichnet ist: Von Gott verlassen, tot, aus, vorbei, das ist vernichtendes Nichts. Das ist die Hölle. Erst der auferstandene Christus macht singen: «Wo mein Haupt durch ist gangen, da nimmt er mich auch mit. Er reißet durch den Tod, durch Welt, durch Sünd, durch Not, er reißet durch die Höll, ich bin stets sein Gesell» (Paul Gerhardt, EKG 86,6). «Hinabgestoßen ins Tote» bezeichnet die äußerste Gottesferne. Am dritten Tag ist's dann heraus: Auf dem Grund äußerster Gottesferne ist Gott auch. Von Ostern her wird auch das verschlingende Böse zum äußersten Grenzort der Zuständigkeit Gottes. Aber Jesus wusste auf dem Weg nach Golgatha nicht um seine künftige Vollendung, sonst wäre sein Bitten in Gethsemane unverständlich, und jeder kommunistische Märtyrer, der «nur» für eine gerechtere Zukunft starb, hätte tiefere Gottesleere auf sich genommen als Jesus. Karfreitag stand Gedeih und Verderb der Welt auf dem Spiel – Jesus hat das innige Zugehören Gottes zu seiner Menschheit geglaubt und hat dieses Vertrauen im tiefsten Dunkel bewahrt, auf die Gefahr hin, dass sein Schrei nach Gott unerhört bliebe. Er hat gegen Sterben, Grab und Hinabgestoßen werden in das Reich des Todes auf Gott gehofft. Jesu Niederlage hat ihn keines Schlechteren belehrt. Zwei Tage und zwei Nächte galt Jesus als widerlegt. Die Katastrophe eines ewigen Karfreitags klafft noch mitten im Glaubensbekenntnis. Doch am dritten Tag früh am Morgen ging die Sonne auf: Am Ende ist nicht Schweigen, nicht hämischer Triumph des Nichts.

Seht, welch ein Mensch

Da nahm Pilatus den Jesus und ließ ihn geißeln. Und die Soldaten flochten eine Krone aus Dornen und setzten sie auf sein Haupt und legten ihm einen Purpurmantel um. Und traten vor ihn hin und sprachen: «Sei gegrüßet, König der Juden» – und schlugen ihn ins Gesicht.

Dann ging Pilatus wieder hinaus und sprach: «Seht, ich führe ihn hinaus zu euch, damit ihr erkennt, dass ich keine Schuld an ihm finde.» Und sie führten Jesus heraus mit Dornenkrone und Spott-Gewand, und Pilatus spricht zu ihnen: «Seht, welch ein Mensch.» (Johannes 19, 1–5)

Mensch – das ist das einzige Wort der deutschen Sprache, auf das kein anderes sich reimt. Diese Fehlanzeige hält fest: Ungewiss ist, was der Mensch ist und worauf wir uns reimen. Aus dieser Ungewissheit rührt die Vielzahl der Helden. Je nach Neigung und eigenen Mängeln hängen wir Poster unserer Idole hin. Das Denkgenie Einstein, die begehrte Marilyn, der unüberwindliche Charly, der spröde Bogi, die Leistungsbringer Steffi Graf und Boris Becker.

Neben den allverbindlichen Postern haben wir noch die privaten Lichtbilder. Am Anfang der große Vater oder «Mutter ist die Beste». Dann der coole Typ, der so schön frech zu den Lehrern ist. Und dann der Aufsteiger oder der Verführer oder der Vermögende oder die Alterskluge – wechselnd je nach eigenem Lebensalter.

Unsern privaten und öffentlichen Leitbildern kommt nun dies in die Quere: «Seht, welch ein Mensch».

Was der Machthaber Pilatus sagen wollte, als er auf den geschlagenen Jesus hinwies, ist unklar. Vielleicht: Ihr Hüter der Religion, der soll ein Gotteslästerer sein? Seht ihn euch doch an, ich habe ihn auf sein Maß zurückstutzen lassen. Gegeißelt ist er, ein Elendsbündel, lasst ihn laufen! Und ihr, das Volk, lasst's euch gesagt sein: Das ist kein Heiland! Folgt ihm nicht. Arbeitet lieber, haltet Ruhe, mit ihm ist kein Staat zu machen.

Vielleicht hat Pilatus auch zu sich selbst geredet: Beruhige dich, du findest keine Schuld an ihm, aber wenn du das nicht dem Bürgermeister klarmachen kannst, den Kirchenoberen Hannas und Kaiphas, wenn die in ihrer Panik ihn für todeswürdig halten, dann unterschreibe doch das Urteil. So ein Mensch ist nicht der Rede wert, das kommt nicht in die Zeitung, dem kräht kein Hahn nach.

Was Pilatus veranlasste, auf Jesus hinzuweisen, ist ungewiss. Die Erhellung besorgt Gott selbst. Wäre Jesus tot geblieben, dann wäre auch der Geistesblitz des Pilatus «Seht, welch ein Mensch» verloren gegangen. –

Gott, Sinn der Welt, kürt diesen Jesus zum Sohn, zum Modell, wer Gott und der Mensch sei. Und prägt sein Bild uns in die Seele.

Pilatus wird ganz ungewollt zum Propheten: Seht, nehmt wahr: Dieser ist der wahre Mensch, wir, Lehrlinge des Menschseins.

Jesu innerste Gewissheit ist: Ich bin geliebt. Welch gütige Zutaten ihm das auch beibrachten, wie viel Streicheln von Mutter Maria, wie viel Zuwendung in Sprache und Zeichen auch von Vater Josef, wie viel Haltgebendes aus Israels Geschichte auch immer – Jesus sieht sich getragen. Jesus sieht sich umfangen von der Kraft, die das All betreibt.

Er sieht sich als Rebe am Weinstock Gott, er sieht sich als Zweig am Baum, der Gott, der Ganzheit ist. Dieses Eins-Wissen ist Jesu Kern. Dies Wissen lässt ihn treuer sein als Gott: «Auch wenn Du, Gott, mich verlassen hättest, Du bleibst mein und ich bleibe Dein.»

So seht den Menschen, wie er die Teufel in sich nieder ringt, wie er auf den Wassern der Angst geht, wie er mit Gott im Zwiegespräch ist, wie er es lebt, dass uns nichts scheiden kann von der Liebe. Sehen wir ihn an! Er ist nicht vergangen, ist nicht in Büchern, er steht in dir, ist dein Selbst, zu dem du erst noch hinfinden musst. Er keimt in dir als Ahnung, vielleicht schon als Gewissheit. Spür doch, wie er dich nährt von innen mit seiner herrlichen Souveränität – zu tun, was der Liebe dient, zu tun, was aufweckt aus Machtgier und Hilflossein.

Seht den Menschen: Er hält sich hin, auf dass Menschen an ihm, dem Friedfertigen, ihre Friedlosigkeit austoben. Sie schlagen ihn, weil sie sich selbst verachten. Sie kühlen an ihm ihr Mütchen, weil sie zittern vor Angst, ohnmächtig zu sein. Den Menschen seht, der sich hinhält, um den Irrsinn der um ihre Sicherheit Besorgten auf-zusaugen. Er nimmt die Schläge an, die ausgeteilt werden von falscher Frömmigkeit und dem herrischen Weltbild der Macht.

Wenn der Liebende zerschlagen wird, dann sind sie alle verkehrt gepolt, die Ordner und Führer, die Autoritäten und Helden. Sie alle machen Geld oder Meinung oder Angst, aber nicht Sinn. Das zeigt der Jesus und überzeugt uns zu ihm.

Doch nicht wir identifizieren den Jesus als Gott gleich, wir nicht. Wir, vernarrt in Glanz und Macht, Ausstrahlung und Vitali-tät, in Gesundheit, Lebenskunst, wir empfinden höchstes Mitleid mit den Geschlagenen, eher noch Scheu und Scham. «Da kann ich nicht nach gucken», sagt man im Norden, wenn das Elend über-groß ist.

Doch Gott hat den Geschundenen inthronisiert zum Testbild unserer Seelen fürs Menschsein. Der sich durch Angst nicht abbrin-gen lässt von der Wahrheit, den zeichnet Gott als Norm für

Menschsein. Die Knie aller derer auf Erden wie im Himmel werden sich beugen müssen vor ihm (Philipper 2,10). Und schon jetzt müssen wir ihm im Gewissen recht geben. Er ist's, dem wir ähnlich werden müssen, um Mensch zu werden. Bestärken wir einander, Jesus ähnlich zu werden:

lieber verachtet als furchteinflößend,
lieber wehrlos als verpanzert,
lieber arm als geizig,
lieber bedürftig als satt,
lieber verletzlich als erstarrt.

Dies buchstabieren in Tätigkeiten:

lieber entschuldigen als verurteilen,
lieber dienen als herrschen,
lieber abgewiesen werden als nicht besucht zu haben,
lieber Frieden anbieten als Feindschaft zementieren,
lieber beschimpft werden als das letzte Wort haben,
lieber mehr geben als zu wenig,
lieber durch Lob groß machen als durch Kritik klein halten,
lieber Leid tragen als Leid abschieben.

Sieh den Menschen. Entdeck ihn in dir. Entdeck dich in ihm. Dafür brauchen wir nicht zurückzublicken, sondern lasst uns zueinander aufblicken. Auf dem Grund unserer Seele ist er das Inbild für Verwandlung und Heilung. Sieh in dich. Geh in dich. Er ist schon da, er kommt dir entgegen und verwandelt dich zu seinesgleichen: Glauben wir nicht so klein von uns! Jesus Christus – in uns ist er im Kommen. Das auszuprobieren, das zu verstärken, Schritte zum Frieden mit uns selbst und mit anderen skizzenhaft einzuüben – dazu sind wir hier.

Am dritten Tage auferstanden
von den Toten

Wir leben von dem, was sich damals entschied

Ob wir es wissen oder nicht – wir leben von dem, was sich damals entschied. Unser Glaube ist erst das Zweitwichtigste. Das Wichtigste geschah in Gott selbst: Das Geheimnis der Welt schloss sich mit diesem Jesus zusammen. Das Geheimnis der Welt bekannte sich dazu: Ja, der bin ich! Ich war in ihm, als er liebte und lachte, weinte und heilte. Als er nach mir schrie, sich von mir verlassen wähnte und starb, war ich in ihm. Er war ein Teil von mir, und jetzt bleibt er ein Teil von mir. Was er zeigte von mir, das ist meine Wahrheit:

Fragst du jetzt nach Gott, «fragst du, wer der ist? Er heißt Jesus Christ, der Herr Zebaoth, und ist kein anderer Gott» (Martin Luther, EKG 201,2).

Hätte das Geheimnis der Welt sich nicht endlich nach zwei Tagen – und sie waren die längsten Tage der Geschichte – dieses Jesus angenommen, könnten wir nicht an die Liebe als Sinn des Lebens glauben.

Aber seitdem der machtlos Liebende nicht im Tod blieb, ist die Morgendämmerung des letzten Schöpfungstages angebrochen. Gott bekehrt seine Schöpfung zu sich. Er geht in sie ein. Er freut sich mit uns, leidet mit und atmet uns wieder ein, wenn wir sterben.

Während sie gingen, wurden sie sehend

Die Jünger Jesu waren schon wieder in ihre Brotberufe zurückgegangen, um alle Hoffnung ärmer, dass Gottes Reich, Gott selber, jemals kommen werde. Wenn Gottes Reich nicht in diesem Jesus angefangen hat, dann kommt es nie, sagten sie. Aber dann überfiel es sie. Er erschien ihnen. Gott erschien ihnen in der Gestalt dessen, der mit ihnen eben noch Abendmahl gehalten hatte und fortan gezeichnet bleibt mit den Nägelmalen. Sie konnten sich seiner Identität nicht neutral vergewissern, sondern wurden los geschickt: «Geht hin in alle Welt, lehrt alle Völker und tauft sie!» (Matthäus 28,19) Taucht sie ein in die Wahrheit von Gott, dem Vater, wie der Sohn sie gelebt hat. Der Geist wird euch beflügeln! Und sie gehen hin, vermessen die Wirklichkeit neu und säen die Liebe aus, den Glauben und die Hoffnung. Während sie gehen, machen sie eine Erfahrung: Dem alle Macht im Himmel und auf Erden gegeben ist, der ist bei uns. Sie stecken andere an, und diese alle werden ein neues Volk aus allen Völkern. Sie werden Schwestern und Brüder; sie werden Kirche, die Gemeinschaft der Heiligen. Und wir zählen dazu. Was suchen wir noch den Lebendigen bei den Toten? Er ist uns vorangegangen in den Alltag. Dort werden wir ihn treffen.

Die Auferstehung Christi ist nicht die Wiederbelebung eines Toten, sondern Gottes Selbstoffenbarung: Was Jesus war, war und bin ich, bestätigt Gott. Was genau die ersten Christen sahen, ist mir nicht wichtig. Auch wenn man heute den Leichnam Jesu mumifiziert fände, täte das der Erscheinung Christi keinen Abbruch. Es heißt ausdrücklich von den ersten Zeugen nicht, «sie sahen», sondern «er erschien» ihnen. Nicht der Glaubenskraft der Jünger verdanken wir den Osterglauben. Ihre Glaubenskraft ist nur Echo der Tat Gottes. Ostern ist Setzung Gottes, nur vergleichbar mit der anderen Rettungstat, dem Auszug aus Ägypten und mit dem Schöpfungswerk überhaupt. Gott schafft Glauben; nicht die Jünger «schaffen» die Umdeutung der Niederlage in einen Sieg. Schon diese Vokabeln scheinen mir unangemessen. Kreuz und Auferstehung sind Stationen Gottes auf dem Weg seiner Selbstbekanntmachung. Ich bin dankbar, dass ich den ersten Jüngern und der Kirche nachglauben darf. Ich schließe mich an, bin angeschlossen worden, bin vielleicht auch Verbindungsstück für andere. Ich kann auch sagen: Die Kraft Gottes, die auferweckte, glaubt in mir, und dann fühle ich mich der ersten Jüngergeneration verbunden, die auch wenig sah, aber sich schicken ließ und im Gehen hellsichtig wurde.

Ostern ersteht die Liebe

Und als der Sabbath vergangen war; kauften Maria von Magdala und Maria, die Mutter des Jakobus, und Salome wohlriechende Öle, um hinzugehen und ihn zu salben. Und sie kamen zum Grab am ersten Tag der Woche sehr früh, als die Sonne aufging. Und sie sprachen untereinander: Wer wälzt uns den Stein von des Grabes Tür? Und sie sahen hin und wurden gewahr, dass der Stein weggewälzt war. Und sie gingen hinein in das Grab und sahen einen Jüngling zur Rechten sitzen, der hatte ein langes weißes Gewand an, und sie entsetzten sich. Er sprach zu ihnen: «Fürchtet euch nicht! Ihr sucht Jesus von Nazareth, den Gekreuzigten. Er ist auferstanden, er ist nicht hier. Geht aber hin und sagt seinen Jüngern, dass er vor euch hingehen wird nach Galiläa. Dort werdet ihr ihn sehen.» Und sie gingen hinaus und verkündeten es denen, die mit ihnen gewesen waren und noch Leid trugen und weinten (Markus 16,1–8).

«Nun aber bleiben Glaube, Hoffnung, Liebe, diese drei. Aber die Liebe ist die größte unter ihnen» (1. Korinther 13,13).

Das ist die Beute, das ist die Ausbeute von Jesu Auferstehung. Was bleibt, ist die Liebe. Und weil die Liebe bleibt, bleiben die von der Liebe Geliebten. Der uns vorlebte, dass Gott, die Substanz der Welt, im innersten Kern Liebe ist, bleibt gegenwärtig. Ist die Liebe die ewige Währung, «sind wir schon jetzt vom Tod zum Leben hindurch geschritten» (Johannes 5,24).

Doch immer wieder müssen wir den Weg der Frauen mitgehen. Die beiden Mirjams und Salome sahen die Hoffnung begraben, den Glauben betrogen, die Liebe umgebracht. Totenklage wollten sie halten, pietätvolles Verrichten am Leichnam. Ein Fels lag auf ihrer Seele, begraben die Liebe. Das Recht der Macht war exekutiert. Was bleibt, so scheint's, ist Erinnerung. Erinnerung aber ohne neue Nahrung muss verblassen. Der die Teufel der Angst austrieb, die Totgesagten aufrichtete, der schwanger ging mit dem liebenden Gott, jetzt war er ihnen entrissen, nur der geschundene, verfallene Körper war ihnen geblieben.

Sie kamen sehr früh, als die Sonne aufging. Wenn im Film das Grauen endet, beginnt oft eine leise anhebende Musik. Hier, in der biblischen Darstellung, in der Darstellung des Geist-Ereignisses «Auferstehung», hier, anstelle von Melodie, der Hinweis auf die aufgehende Sonne. Als fiele in die Gruft ihrer Seelen ein Spalt Licht. Ein Inneres Aufmerken, ein Kräuseln des eben noch Dumpf-Gefühllosen.

«Wer wälzt uns den Stein von des Grabes Tür», fragten sie unterwegs noch voller Sorge. Als sie ankamen, war er zur Seite getan. Dies ein weiteres Bild für das Heraufdämmern, für Aufbruch aus der Versteinerung.

Und sie gingen hinein in die Grabkammer und sahen einen Jüngling zur Rechten sitzen in weißem Gewand. Auch dies Bebilderung eines inneren Frühlings. Ein junger Mensch in Weiß – das signalisiert Anfang, neue Bedingung, erster Tag der Schöpfung. Nicht umsonst tragen Ärzte weiße Habits, und auch der Talar sollte eigentlich weiß sein.

Aber sie entsetzten sich. Eine Explosion im Inneren bahnte sich an. Schreck vor dem Fremden. Er aber sprach zu ihnen: «Fürchtet euch nicht!» Dasselbe Wort in der Weihnachtsgeschichte: «Fürchtet euch nicht!» Überhaupt. 110mal in der Bibel: Fürchtet euch nicht! Die ganze Bibel ist ein Manifest gegen unsere Angst, gegen unsere armselige, kärgliche, dumpfe, dumm-machende Angst!

Fürchtet euch nicht! Was sucht ihr den Lebenden bei den Toten? Er ist nicht hier. Er ist euch vorausgegangen nach Galiläa, von dort wird er euch senden.

Immer wieder müssen wir den Weg der Frauen mitgehen. Von der Trauer zum erneuerten Mut. Von der Versteinerung zum Aufgang der Sonne in unseren Herzen. Wie vom Kirschbaum über Nacht das Blütenkleid ganz herunterfällt und als schmutziges Wäschestück auf dem Boden liegt, so ist oft unser Glaubensmut ganz niedergeschlagen, und wir brauchen eine Botschaft, die uns aufhebt. Nicht die uns von hier weghebt in himmlische Weiten – das auch, später, weil die Liebe uns immer vor sich ruft – sondern Botschaft für hier brauchen wir, die uns dem Jesus Christus nachschickt, dass wir uns einfinden, wohin er uns vorangegangen ist. Galiläa, das ist Alltag, der bestanden sein will mit unermüdlicher Liebe.

Welche Macht Gott in Menschen hat, die sich ihm anvertrauen, das lotete Jesus aus. Und jetzt braucht er Menschen, die sein Modell leben, die seinen Glauben nachglauben. Es ist also völlig unerheblich, ob wir intellektuell irgendwo eine Ecke reservieren für das Wissen, das am Nordpol Eis ist oder Jesus auferstanden ist. Sondern es geht darum: den Glauben des Jesus nachzuglauben. Aber das ist unmöglich, solange ich besessen bin von der Angst, in den Augen anderer zu versagen.

Solange die Augen anderer mein Gericht sind, muss ich vor Menschen Punkte sammeln. Doch Jesus lockt uns unter die Augen Gottes. Du geliebt, Du gebraucht, geliebt, gebraucht, geliebt, gebraucht – vom Liebhaber des Lebens. Jesus kettet uns förmlich ab von den irdischen Instanzen, die Herren unseres Gewissens sein wollen. Nichts gegen Leistungskontrolle, aber dagegen, Leistung für alles zu erklären. Er wendet uns ab von denen, die ihre Gunst über uns ausgießen, wenn wir ihnen genügend Leistung bringen. Jesus hält uns das Gesicht zu Gott hin, und die Schatten der Ängstiger fallen hinter uns.

Dem Jesus seinen Glauben nachglauben heißt auch, selbst aufs Angst-Einjagen verzichten. Wenn ich mich, wie Jesus, unter Gottes Augen sehe, dann muss ich mich nicht mehr dauernd verfolgt wähnen und muss nicht dauernd darum andere entwaffnen.

Mich glauben mit dem Guten im Bunde gegen mein eigenes Nicht-gut-sein und gegen all so viel Mühseliges und Grausames in dieser Welt. Denn Gott ist mehr als unsere Wirklichkeit. Gott ist auch die Möglichkeit. «Zu Gott gehören auch die noch nicht erwachten Möglichkeiten in Gott», so sagte es Musil. Mit Gott, mit dem Guten im Bunde sein! Aber nicht, dass ich glaube, immer wieder durchzukommen mit meinen trüben Süppchen, die ich noch koche. Dieser Missglaube ist pervers, als wäre Gott Schutzpatron meiner Untaten. Mit dem Guten im Bunde mich glauben, das macht mich denk- und tatkräftig hoffen zugunsten der Hoffnungslosen. Die sonnengelben Hoffnungen sind uns vor allem für andere gegeben. Für Kinder, überall, den bedrückten Nächsten und für den Patienten neben mir, dem nach schwerer Operation der Magen wieder gluckert. Hoffen ist das Gegenteil von flauem Gewährenlassen. Es ist Wirklichkeitssinn, der vieles für möglich hält und mit Vernunft, also mit vernehmendem Verstand wägt und den Weg für Besseres offen sieht.

Jesu Auferstehen meint: Dieser ist der Liebe nicht verloren. Dieser nicht und niemand!

Liebe ist ja mehr als die Summe unserer brüchigen Liebesversuche. Wenn man Liebe identifizieren würde mit unseren Bemühungen, dann ist das so, als wollte man anhand einer Kerze die Sonne erklären. Andersherum ist es wohl richtig; Kerzen bringen den Widerschein der Sonne ins Finster. Und so ist unser Trösten und Nähren Abglanz von dem «Gott allen Trostes» und dem Nährer der Welt.

Das Leben, die Welt glauben als Projekt der Liebe Gottes, das Ende irdischen Hierseins inklusive! Die Liebe – das Größte, meint, die allgegenwärtige, ausgreifende, unerschöpfliche Güte kommt nicht zu Ende, auch mit mir nicht, niemals. Ja, viel Güte kreuzigen wir Menschen heraus aus dem Leben. Wir verdunkeln und halten in Angst und pressen dem andern mehr als notwendig ab. Wir begrenzen die Liebe so oft auf das Liebenswürdige. Doch wie viel Liebe Gott gedeihen lässt, oft genug gegen uns, jeder hat es erlebt. Wir können vergeben. Und wir Enttäuschenden sind uns doch wieder und wieder als Aufgefangene erschienen. Wir – wieder fähig zur Freude, wir – gedacht zum Jubel, zum Hoffnungstrotz. Wir sind alle zu Heimkehrern der Liebe bestimmt, zu Finden und Gefundenwerden, immer und endlich ganz.

Das Kreuz als Lebenszeichen

In diesem Jesus ging Gott auf Erden.

Und in diesem Jesus setzt Gott seine Rangfolge fest. Wer der erste sein will, sei Diener aller (Matthäus 20,26) und lebt diese Rangfolge vor. Gott lädt sich einen Lebenslauf auf, der bis in den qualvollen Tod der Liebe treu bleibt. So ist das Kreuz der neue Fußabdruck, Fingerabdruck, Lebensabdruck: das Zeichen des mitgehenden Gottes.

Und bekommt heute das Kind in der Taufe das Kreuzzeichen auf die Stirn oder segnen wir einander mit diesem Zeichen oder geben es dem Sterbenden mit auf den Weg, dann wird uns dies Gotteszeichen angetan. Dies behält beide Bedeutungen von Kreuz bei sich. Es ist das Aus-x-Zeichen, Mordzeichen, Verneinezeichen. Als solches hat es Jesus erlitten.

Doch seit Ostern dürfen wir glauben, dass Gott in Gestalt des Jesus am Kreuz hing. So breitet im Kreuzzeichen auch die Liebe die Arme aus. Der Allmächtige trägt das Leid und verwandelt so das Mord- und Minuszeichen in das Plus- und Verbindezeichen aller Dinge. Gott hält die Gegensätze in sich zusammen.

Im Bild: Das Langholz, die Vertikale, Himmel und Erde, Geist und Leib, Hell und Dunkel, Gut und Böse, Leben und Tod unterschieden und zusammengehörend, wie weit auch auseinander und doch auf einer Linie.

Und das Querholz, die Horizontale, Ost und West, die Bewohner von Sonnenaufgang bis Sonnenuntergang zusammengehörend, weil Gott alle in die Arme schließt.

Auch in unsere menschliche Gestalt ist das Kreuz ja mit eingegossen. Wirbelsäule mit Haupt: das Langholz und zwei Querhölzer: Halswirbel, Schultergürtel und Becken; Kreuzbein wird dieser wichtige Knochen genannt, lat.: os sacrum = heiliger Knochen.

In uns Himmel und Erde verknüpft, Gut und Böse, Leib und Geist, Schuld und Liebe. In uns wird Geist geerdet, und der Leib soll geistvoll sein.

Das Kreuz Gottes, das Pluszeichen, stellen wir dar mit ausgebreiteten Armen: bedürfen und empfangen, aufnehmen und abgeben. «Wer kommt in meine Arme», das Kinderspiel gegen die Angst, tun wir es auf erwachsene Weise uns an. Arbeiten wir mit, dass die Aus-x-Zeichen gelöscht werden!

Jesus sagt: «Wer mir nachfolgen will, der nehme sein Kreuz, seine Lebenslast auf sich» (Markus 8,34). Und er gehe weg aus der Angst um sich selbst, gehe den Weg des Vertrauens und halte sich hin als Verbindungsarm in einer angstvollen Welt. Denn mit Ostern ist Gottes Karfreitag noch nicht ausgestanden.

Aufgefahren in den Himmel.
Er sitzt zur Rechten Gottes

Im Kindergebet heißt es einfach: «Lieber Gott, mach mich fromm, dass ich in den Himmel komm.» – Gut, von früh an einen weit gespannten Wunschhorizont gesteckt zu bekommen. Wo und was der Himmel sei, diese Frage hebt uns den Kopf, dass wir nicht zu nah am Boden unsere Fährte suchen, sondern aufgerichtet und weitblickend werden.

«Am Anfang schuf Gott Himmel und Erde» (1. Mose 1,1), also zwei Teile, zwei Pole eines Ganzen. Wir Irdischen auf Erden könnten Gott in einem Jenseits wähnen, könnten Himmel für die Gott vorbehaltene Gegend der Welt halten, schon weil wir ihn nicht sehen. Aber: «Er leitet uns mit seinen Augen», sagt der Beter in Psalm 32,8. Sein Merken, sein Vorsichtrufen machen uns wichtig.

Von uns aus gesehen ist Gott und sein Himmel weit weg, aber vom Himmel aus ist die Erde gleich nebenan. Wir sehen Gott nicht, weil unsere Wahrnehmung eingeschränkt ist. Um als Mensch zu leben, genügt es, dass wir Gottes Wohltaten merken. Die zu nutzen, die uns anverwandeln, ist köstlich, auch wenn es viel Mühe und Arbeit fordert (Psalm 90,10). Wenn wir «alt und lebenssatt» von hier fortgehen, sind wir doch in Hoffen und Lieben ungestillt. Dann hebt Gott uns in seinen Himmel, in sein Licht. Und wir werden «schauen von Angesicht zu Angesicht» (1. Korintherbrief 13,13).

Wo Gott hinreicht, hinwirkt, ist sein Reich, sein Himmel. «In den Himmel kommen» übersetze ich mir: «Von Gott gefunden werden, sich in Gott finden.» – Jesus sagt: «Das Himmelreich ist mitten unter euch im Anbrechen» (Lukas 17,20). Unter seiner Anleitung brechen uns Augenblicke an, da wir den Himmel offen sehen. Wir sind dann in einer unbeschreiblichen Vollständigkeit gelöst. Unser kleines Ego ist liquide geworden, unser Ich hat sich verflüssigt. Wir umarmen die Welt, die Welt umarmt uns. Wir fühlen uns getragen, fühlen uns als Glied an einem Leib, sind einander Brot und Wein, aufgehoben in Mozarts Musik und «in einem Haus von Licht» (M. L. Kaschnitz).

Doch dann überfällt uns wieder die Angst, und wir fallen in uns selbst zurück, und ich spüre meine Knochen und meinen Hunger, meinen Zweifel, meine Schatten und nehme mich den andern weg und jage meine Angst in andere und brauche den Jesus so dringend! Welch ein Glück, dass er nicht im Sand der Friedhofserde versickerte, nicht von der Geschichte, vom Tod verschluckt ist.

Er hat Menschen den Himmel geöffnet, er hat uns Menschen Gott geerdet, hat die Wirklichkeit so sehen gelehrt, dass Bruchstücke von Himmel und Freude und Dank und Teilen und Gerechtigkeit uns schon passieren. Denn das Sterben am Kreuz hat ihn nicht umgebracht, sondern heimgebracht zur Rechten Gottes.

Jesus in Gott

Das ist eine Vorstellung, genommen vom vergangenen Muster des Königtums, von Thronen und Majestäten. Zur Rechten des Herrschers sitzt der Kanzler, der die Amtsgeschäfte des Königs tut. Gut zu wissen, dass der unser Freund ist und wir seine Leute hier. Aber, uns taugt das Bild kaum noch, weil wir dann Gott und Jesus als zwei menschenmäßige Größen sitzen sehen.

Übersetzen wir doch Jesus bei Gott, in Gott, Jesus ist Gottes Herz. Wenn Gott das unendliche Gegenüber ist, in das wir eingebettet sind, der Urgrund, die Quelle des Lebens, dann hat Gott für uns ein menschliches Antlitz. Jesus, die uns zugewandte Seite Gottes, ist das innerste Wesen von allem. Dann sind nicht mehr nur die unbändigen Kräfte des Sternenlenkers, nicht Taifun und Tod, nicht die üppige Natur die Kennzeichen Gottes, sondern dieser Jesus ist es. Nicht das unendliche Universum, sondern das Kind in der Krippe zeigt dann das Wesentliche Gottes und seine Handschrift: Nicht Werden und Vergehen, sondern Freude und Verbundenbleiben, Heilen im Werden und Vergehen.

Sitzend zur Rechten Gottes übersetze ich mir: der Jesus Christus ist das Koordinatenkreuz für alles sonstige Wissen. Er ist «das Ja und Amen», bei dem ich Gott beim Wort nehmen soll.

Drei Etappen des einen Geschehens

Die Himmelfahrt Christi ist Ostern noch einmal. Es war der Evangelist Lukas, der das eine große Ereignis in drei Seiten auffächerte: Ostern – der Gestorbene ist auferweckt; Himmelfahrt – er ist bei Gott; Pfingsten – er schickt heiligen Geist als seine Energie. Eigentlich gehört alles zusammen: Der am Kreuz in die Arme Gottes starb, kam an, ist in Gott, beatmet die Menschheit, ist geistig, im heiligen Geist bei uns.

Der in Galiläa und Jerusalem vor bald 2000 Jahren Gott verkündete, der Menschen entfeindete, der in Vollmacht heilsprach und die Seelen von Angst entgiftete, der wurde getötet. Er schien vom Tod widerlegt, durchgestrichen, einfach durchkreuzt. Aber nach drei Tagen war er den ersten Zeugen lebendiger denn je. Petrus und die anderen hatten ihn verleugnet und dann furchtsam, hinter verschlossenen Türen getrauert. Aber dann geschah eine Explosion. Sie wurden hinausgeschickt bis nach Rom und bis nach Spanien und Afrika. Sie trugen die befreiende Nachricht des Jesus weiter. Sie spürten ihn als Brand in ihrem Herzen, als das Feuer, das uns Menschen füreinander entflammt. Christus als Bild Gottes bei uns, bis wir alle Gott schauen werden von Angesicht zu Angesicht – das ist Ostern und Pfingsten. Und das hätte genügt. Aber eine geheimnisvolle, eine heilige Zeit ging irgendwann bald nach dem ersten Ostertag zu Ende: Die Erscheinungen des auferstandenen Christus, des sichtbaren Jesus in der Gloriole, wie Matthias Grünewald ihn gemalt hat als neuen, leuchtenden Planeten, diese Begegnungen hörten auf. Himmelfahrt bezeichnet diese Kerbe in der Glaubensgeschichte der ersten Christen. Keiner hat Jesus zum Himmel auffahren sehen, aber diese Abfahrt ist ein einleuchtendes Schlussbild, jetzt nicht mehr den Jesus von ehemals zu erwarten, sondern sich schicken zu lassen. Wie aus dem geliebten Freund und Zeitgenossen der gegenwärtige Herr wird, das prägt sich die Urkirche im Bild Himmelfahrt ein. Lukas beginnt seine Apostelgeschichte auch genau mit diesem Bild von Abschied und Neubeginn. Er lässt zwei Engel zu den Jüngern sagen: «Was steht ihr da und seht zum Himmel. Dieser Jesus, der von euch weg gen Himmel aufgenommen wurde, wird wiederkommen» (Apostelgeschichte 1,11). Ein Kapitel weiter geschieht dann die Ausgießung des Heiligen Geistes.

Aufgehoben in den Himmel, erhöht in Gott – meint nicht Ferne und Abseits, sondern höchste Gegenwärtigkeit, Wirksamkeit und Zeitgleichheit: Er, «bei uns alle Tage bis an der Welt Ende» (Mattäus 28,26).

Im Himmel, darum bei uns

Die Evangelisten überliefern einstimmig, dass der Auferstandene, der bei und in Gott Seiende seine Jünger in alle Welt sendet. Christi Herrsein und sein Bei-uns-sein gehen weiter und verwandeln uns zu Gesandten, zu Freisprechern in seinem Namen. So sollen wir das Evangelium aller Kreatur predigen, wir sollen die Verkünder der Menschenrechte sein, die Gott einräumt aller Kreatur, wir seine Sprachrohre, seine Mundstücke, seine Verstärker. Zu Christi Sendungsauftrag gehört die Zusage: «Wer da glaubt und getauft wird, der wird selig werden» (Markus 16,16). Da ist es offenkundig, dass der Glaube nicht ein Sack voll theologischen Wissens ist. Nicht das historische Ereignis der Himmelfahrt ist für wahr zu halten, sondern dem Jesus nach dürfen wir vertrauensvoll ans Leben gehen und dürfen uns in ihn eingetaucht wissen. Und es ist gut, zu ihm gehören zu wollen. Es ist gut, so wie er die Menschen zu sehen, so hoffnungsvoll und so bedürftig. Man bleibt nicht zerrissen von Angst. «Wer aber nicht glaubt, der wird verdammt», heißt es so bedrohlich bei Markus 16,16 weiter. Aber es geht nicht um Dermaleinst.

Wer nicht der Wahrheit des Christus vertraut, der ist von Ängsten hin und hergeworfen, der muss anderen Herren dienen, der ist immer mit hechelnder Zunge der Schuldige, der ist verdammt anderen zu gefallen, ist verdammt zu gehorchen und Leistung zu bringen und die Füße zu küssen, wer weiß nicht wem. – Das ist nicht als Drohung gesagt, sondern als schmerzliche Diagnose. Der Auferstandene geht zu Gott. So bleibt er bei uns und schickt uns los. «Die Zeichen bei uns werden sein, dass wir böse Geister austreiben» (Markus 16,17), böse Leitbilder und Vorurteile. Wir werden «mit neuen Zungen reden» (V. 17), wir werden andere verstehen und unsere Maßstäbe, vielleicht sogar auch unsere Glaubensmaßstäbe nicht mehr für das Maß aller Dinge nehmen. Wir werden so mit anderen reden können, dass sie sich geliebt fühlen. Und wir werden «fähig sein, Schlangen mit Händen hochzuheben» (V. 18), die Tabus, die Verwundungen, die Blessuren ans Licht zu heben und die Autoritäten aufs rechte Maß zurückstutzen. Was anderen tödlich scheint, sollen wir ertragen können: den Verlust an Prestige und an Wohlstand, den Verlust an Freundschaft. Was andere fertig macht – es könnte sein, dass dies uns ein kleines Stück stärker macht. Und «Kranken werden wir die Hände auflegen, und es wird besser mit ihnen werden» (V. 18). – Wir müssen nur hingehen zu Kranken, ihnen zuhören, ihnen zeigen, dass sie wichtig sind und unersetzlich. Wir werden auch mit ihnen beten, wenn der Kranke darum bittet, jedenfalls werden wir ihn berühren mit dem heiligen Zeichen der Verbundenheit. – Und ganz sicher hilft das dem Kranken und uns.

Christus im Himmel heißt, dass Gott damit beschäftigt ist, Himmel auf die Erde zu bringen.

Christus wird kommen, zu richten die Lebenden und die Toten

Der giftige Stachel des Todes ist: Ich bin keinem mehr wichtig, bin für immer vergessen. Philosophen wollen uns zwar befreunden mit der Hinfälligkeit alles Menschlichen. Auch Hiob (14,1 f) sagte: «Der Mensch, vom Weibe geboren, lebt kurze Zeit und ist voll Unruhe, geht auf wie eine Blume und fällt ab, flieht wie ein Schatten und bleibt nicht.» Sigmund Freud meinte, nur Eitelkeit und Überheblichkeit ließen uns auf so etwas wie Unsterblichkeit hoffen; wir sollten biologisch denken, uns mit unserem Kommen und Gehen und Wieder-zu-Erde-Werden abfinden.

Aber das geht nicht, geht um des Himmels willen nicht. So belanglos, so unerheblich, so lautlos ersetzbar ist der Mensch nicht. Aus und vorbei – das darf nicht das letzte Wort sein.

Wenn man die Bilder von Toten sieht, die an Krieg, an Hunger, an Brutalität gestorben sind, dann packt uns der Jammer. Wie viel Hoffnung ist zerborsten, wie viel Liebe nicht gefühlt, wie viel Schönheit nicht gesehen. Und wofür all die Mühe, das Kämpfen und Sorgen der Mütter? Wofür alles Schinden der Menschen ums Überleben, wenn das Grab doch uns alle kassiert?

Ist die Hoffnung unsagbar geworden?

Ein großer Entwurf ist der Glaube: Wir gehen Gott nicht verloren. Das Geheimnis der Welt hat eine unendliche Geschichte mit jeder seiner Kreaturen. Wir sind hier auf Erden einander bis auf wenige Nächste namenlos-unbekannt. Eine nur knappe Energie ist unsere Liebe. Und unsere Zeit, einander vertraut zu werden, ist so begrenzt. Aber eben diese Knappheit macht uns Hunger nach mehr. Wir sind diesseitig nicht zu stillen. Uns ist die Sehnsucht eingepflanzt, von Liebe umfangen zu sein für immer. Oder hegst du nicht diesen

Traum? Meinst du, unsere Seelen zerfallen wie dürre Blätter; und wir werden sein, als wären wir nie gewesen?

Wenigstens Trauer müssten wir spüren, wenn uns der Traum vom ewigen Geliebtsein aus dem Herzen genommen wäre. Es darf nicht sein, dass wir uns schon abgefunden hätten mit dem Triumph des Todes, des Bösen. Wir dürfen uns nicht die «no future»-Gesinnung zu eigen machen. Die Parole «nach uns die Sintflut» lähmt alle Mühe um eine gerechtere Zukunft. Auch sollten wir nicht sitzen bleiben auf unseren Beschädigungen durch Priester und Pastoren, die uns drohten mit dem moralischen Scharfrichtergott. Ja, Kirche hatte lange mit Höllenfeuern ewiger Pein gedroht, weil der durch alle Gerichte hindurch rettende, heimholende Gott ihr selbst nicht glaubbar und verkündbar war. Vielleicht muss unsere Generation die Inflation religiöser Drohreden bezahlen mit Schweigen von Gott und eine geistliche Dürre durchstehen, bis man den Jesus Christus neu hören kann. Uns scheinen die Worte zu fehlen, uns hat es die Sprache verschlagen für so was Großes wie das «Jüngste Gericht».

Dabei ist diese Botschaft: «Christus wird kommen, zu richten die Lebenden und die Toten» geradezu Dreh- und Angelpunkt unserer Würde. Was wir sind, das entscheidet sich daran, was aus uns wird. Werden wir nur aus und vorbei sein, dann sind wir auch jetzt schon nur Futter der Vergänglichkeit, Opfer des Nichts. Werden wir aber gerichtet, hergerichtet, heilgemacht, vollendet, so sind wir jetzt schon Bürger des Reiches Gottes. Wenn Gott uns ernten wird, sind wir jetzt schon seine Früchte. Wenn wir heimgehen zu ihm, sind wir jetzt schon auf dem Weg in die Liebe.

Hör's noch einmal zum erstenmal

Das unerschöpflich Heilige liebt dich, Mensch! Der Guteganze ruft dich vor sich, hält dich im Sein, vernichtet nicht. Der Christus beschwört dich, nicht zu glauben an ziellose, einfach leer- und weiterlaufende Entwicklung, Kommen und Gehen verdammt in alle

Ewigkeit. Unter dem Rhythmus von Geborenwerden und Sterben bahnt Gott sich mittels der Geschichte seinen Weg zum Ziel. Wenn Gott mit seiner Mühe fertig ist, wird das Reich Gottes ganz da sein. Gott wird seine Ernte einbringen und das «Unverwundbare, das Unbegrabbare» von uns vor sich rufen. Was unser «Unverwundbares, Unbegrabbares» ist, weiß ich nicht. Wenn meinem Ich das Bewusstsein ausgeblasen ist und mein Gehirn zerfällt, wer bin ich dann, wenn alle chemisch-physikalischen Träger für Bewusstsein ausgelöscht sind – ich weiß es nicht. Aber ich glaube, dass Gott mich weiß. Und wenn Gott weiß, der ist wirklich, ist gegenwärtig von Angesicht zu Angesicht! Dass ich mir und anderen Ich bin, ist nur Vorahnung zukünftiger Vollständigkeit.

Wir werden zur Heilung zugerichtet

Dieses Vor-Gott-Sein wird mir zum Gericht – aber nicht zur Vernichtung, sondern zum Heil. Das Jüngste Gericht – das «jüngste», weil endgültige Gericht – ist in der Bibel und in der Kirchengeschichte Quelle tiefer Beunruhigung. Auch einige Jesustexte sagen Heulen und Zähneklappern an. Die Guten würden hingehen zum ewigen Mahl, die Bösen zur ewigen Verdammnis. Aber ich wage zu glauben, dass diese biblischen Texte noch nicht von der Heilsbedeutung Jesu geformt sind, sondern noch vorchristliche Wünsche und Befürchtungen spiegeln. Immer hofften die leidenden Menschen auf eine ausgleichende Gerechtigkeit nach dem Tod. «Die Sehnsucht, dass der Mörder nicht über das unschuldige Opfer triumphieren möge» (M. Horkheimer), fordert geradezu ein solches Straf- und Belohnungsgericht.

Doch «aufgefahren gen Himmel» sieht Christus in die Bilder von Himmel und Zukunft eingerückt. Er bildet die Mitte. Das verneint alle exklusiven, alle privilegierten Zukunftsvorstellungen. Und alle Höllenfeuer, die wir für andere geschürt wähnen, hat er gelöscht.

113

Gerettet als wie durchs Feuer

Paulus gibt den weiterführenden Hinweis: «Eines jeden Werk wird geprüft, er selbst aber wird gerettet werden – als wie durchs Feuer» (1. Korintherbrief 3,14–15). Nicht die Vernichtung *der* Bösen ist das Ziel, sondern die Vernichtung *des* Bösen! Gericht halten wird nicht ein Machthaber-Gott mit Schwert und verbundenen Augen und einer Waage, die unbestechlich prüft und verwirft, sondern der Gott mit dem brennenden Herzen. Nicht ein mechanisch funktionierendes Ausgleichsamt steht uns bevor; nicht die Greuelvisionen mittelalterlicher Gemälde, sondern der ruft uns vor sich, der uns rettet aus Schuld und Verwirrung – der noch das letzte verlorene Schaf auf seinen Schultern heimholt.

Jesus ruft uns zur Feindesliebe auf und traut sie uns zu. «Wenn aber ihr», sagt Jesus einmal, «die ihr böse seid, euren Kindern doch Gutes tun könnt, wie viel mehr wird Gott euch Gutes tun, wenn ihr ihn bittet» (Matthäus 7,11). Das Jüngste Gericht wird uns alle zu Bittenden machen, das ist sicher, weil uns dann die Augen übergehen werden vor Erkenntnis, was wir an Leid nicht verhindert haben.

Ich glaube an den Gott, der den Gottlosen gerecht spricht (Römerbrief 4,5), und halte es für lästerlich, einen feiernden Gott zu denken, solange nur einer noch draußen vor der Tür steht. «Sollte im Jüngsten Gericht von Feindesliebe nicht mehr die Rede sein?» fragte einer, der das Gefälle des Evangeliums verstanden hat, hin zu dem Gott, «der gütig ist gegen die Undankbaren und Bösen» (Lukas 6,36).

Nicht das Böse soll zählen

Ein jüdisches Gedicht aus einem deutschen Konzentrationslager deutet die Richtung an:

«Friede sei den Menschen, die bösen Willens sind,
und ein Ende sei gesetzt aller Rache und allem Reden
von Strafe und Züchtigung.

Aller Maßstäbe spotten die Greueltaten,
und der Blutzeugen sind gar viele.
Darum, oh Gott, wäge nicht mit der Waage
der Gerechtigkeit ihre Leiden,
dass du sie ihren Henkern zurechnest,
sondern lass es anders gelten.
Schreibe vielmehr allen schlechten Menschen zugut
und rechne ihnen an all den Mut der anderen,
ihre hochgesinnte Würde,
die Hoffnung, die sich nicht besiegt gab,
und das tapfere Lächeln, das die Tränen versiegen ließ.
All die durchpflügten, gequälten Herzen,
all das, mein Gott, soll zählen und nicht das Böse,
auf dass Friede werde auf dieser Erde
über den Menschen, die guten Willens sind,
und dass der Friede auch über die anderen komme. «

Gott, so will ich glauben, hat dieses Gebet eingegeben und schon beantwortet. Er hat den zum Richter eingesetzt, der am Kreuz schrie: «Vater, vergib ihnen, denn sie wissen nicht, was sie tun» (Lukas 23,24). Damit gebietet Gott, dass wir fahren lassen den Wunsch nach und die Angst vor dem fürchterlichen, dem zu fürchtenden Gott und hinfliehen zu dem, der seine Liebe endgültig für alle gültig macht.

Liebe macht uns vollständig

Gemälde vom Jüngsten Gericht können wir nicht mehr entwerfen. Wie uns nicht zusteht, «Tag und Stunde» zu wissen, so auch nicht Ausmaß und Art. Mir ist gewiss, ich werde mich verantworten müssen. Und wenn eines jeden Werk offenbar werden wird, dann werden auch zur Sprache kommen: mein Neid und mein alltäglicher Verrat, mein Zaudern, mein Augenverschließen vor den Leidenden. Dann, wenn die Geschichte an ihr Ende, ihr gutes Ende geführt ist, dann werde ich sehen – so Gott will –, was mein Tun und Unterlassen angerichtet hat. Und ich werde erschauern vor Schmerz und Trauer, und lange werde ich heulen über meine Verblendung. Wenn Gott uns vor Augen stellt, dass wir ihn selbst hungern ließen oder speisten, ihn abwiesen oder aufnahmen, ihn allein ließen oder besuchten (Matthäus 25,46), dann werden wir erkennen, was wir getan haben. Und Gott behält die Wunden, die wir ihm schlugen; dafür steht ja der Auferstandene ein, der die Nägelmale behalten hat. Dann werden wir wissen von innen heraus: Die Tränen der Leidenden waren Gottes Tränen, sie waren nicht umsonst geweint. Denen, die litten, werden sie zu Perlen; denen, die leiden ließen, werden sie zu glühenden Kohlen. Die Wahrheit wird brennen. Aber durch die Qual der Erkenntnis hindurch wird Gott uns zu sich ziehen. Das letzte Wort wird Gott haben, nicht das Böse. Und Gottes Wort «Ich habe dich bei deinem Namen gerufen, du bist mein» (Jesaja 43,1) macht dich unsterblich.

Wie diese Aussicht jetzt unser Leben beflügeln kann, das zu sagen, braucht es Sprache, die vom Heiligen Geist getränkt ist. Mozarts und Bachs Musik, Botticellis Bilder, erlöste Gesichter von Liebenden, besonnte Landschaften, Menschen, die außer sich vor Freude jubeln, danken. Dieses Aroma glückenden Lebens, dieser Spalt Himmel ziehe dich nach vorn. Zeichen von dem, was kommen soll – setze sie und lass sie dir gefallen. Fang an, gut von dir und allem zu denken! Halte dich nicht auf mit Rache, mit Lamentieren über den Zustand der Welt. Stemm dich ins Leben, ins Werdende! «Keinen verderben lassen, auch nicht sich selber, jeden mit Glück zu erfüllen, auch sich selber, dass ist gut» (B. Brecht). Und uns wird geschehen mitten in den Mühen, «dass wir das Böse stürzen sehen und schon jetzt das ewige Leben haben» (Johannes 5,25). Denn Gott wird nicht aufhören, einen jeden in Liebe zu ergänzen.

Ich glaube an den Heiligen Geist

Dies nicht nur gesagt, sondern gespürt; dieser Satz nicht Papier, sondern Sonnenaufgang; nicht Grabinschrift, sondern Herzklopfen; nicht Staub, sondern Atem. Gott sei Dank für Pfingsten, für dieses herrlich sprühende Fest, das Kirche pulsieren lässt. Denn wir Menschen dürfen uns freuen, dürfen uns feiern als von Gott angehaucht, belichtet, befeuert und begeistert. Du, ich, nicht nur Kalorienverbraucher, Instinktautomaten, nicht nur Lust- und Unlust-Objekte beliebiger Vernünfte, nicht Spinner, Fantasten, Egoisten, Idealisten, in Mühe und Schuld verstrickt, aus Angst, im Universum verloren zu sein. Sondern du, ich, begabt mit einer lebendigen Seele, empfänglich für Einstrahlung von Gottes Geist. Über uns ausgegossen das unendliche Ja: Du bist erhoben, bestimmt, berufen, geistvoll, gottvoll zu leben.

Heiliger Geist ist Gott bei uns

Der erste Satz der Bibel heißt: «Am Anfang schuf Gott Himmel und Erde, und die Erde war wüst und leer (hebräisch: tohu wa bohu), und die Gegenwärtigkeit Gottes brütete über den Wassern.» Schade, dass wir in unserer patriarchalischen Sprache ‹der› Geist sagen, statt die Geist, die Beseelende, die Beatmende, die Energie zur Liebe. Energie zu lieben jedenfalls ist die Willenskraft, die der Schöpfung vorausgeht. Energie zu lieben ist die Kraft, die die Schöpfung betreibt und die uns ins rechte Verhältnis rückt zum Ganzen, zu mir selbst und zum Nächsten. An manchen Tagen haben wir einfach das Gefühl, dass die Welt in Ordnung ist und in Ordnung kommt. Wir fühlen uns und alles Lebendige von Geist beatmet. Und dass diese geistige Kraft in einem Menschen schon ganz da war und dieser Jesus die Schöpferkraft in Liebeswillen übersetzte, wird glaubwürdig und denkbar.

117

Die Früchte des Geistes

«Der Geist ist's, der da lebendig macht», nachzulesen im Evangelium des Johannes (6,63). Das ist der Widerspruch gegen flachen Materialismus. Nicht die Materie sondert Geist ab, sondern Geist schafft Materie, Bewusstsein hat Sein produziert. Natürlich erzeugt nicht unser Gehirn diesen Geist. Es ist wie mit dem Licht. Licht leuchtet erst, wenn es auf einen Gegenstand trifft. So reflektiert unser Gehirn Geist. Wir denken diesen Geist nicht aus, sondern wir denken ihm nach. Geist verströmt sich in allem Lebendigen, Geist war konzentriert in diesem Menschen Jesus und durchflutet noch und weiter die Menschheit aller Rassen, aller Religionen. Der Sinn der Welt hat Materie hervorgerufen und will in Werden und Vergehen sich ausformen; und will in Menschen Antwort haben. Wer an den Heiligen Geist glaubt, glaubt, dass er teilhat an Gottes Geist; ist sich gewiss, dass Gottes Geist uns durchweht und befruchtet und in uns Früchte des Geistes hervorbringt: Liebe, Freude, Friedenswillen, Geduld, Freundlichkeit, Güte, Treue, Vernunft (Galaterbrief 5,22). Und das sind keine exotischen Früchte, sondern sie wachsen, wenn uns der Geist hat, schon im Alltag.

Wir können ihn täglich erleben. Er zieht mich aus der Trägheit, wischt mir Gedankennebel weg, lässt mich wieder klar sehen und gut denken. Er lässt mich im Streit das Wort finden, das überbrückt. Er ist dort, wo Einsicht wächst, Vernunft Lust macht, Verstehen gelingt. Er ist mit von der Partie, wenn man sich fürs Gute verausgabt, sich bereit zeigt zum Gespräch, das Zwingen verlernt. Hunger lässt sich stillen, Triebe lassen sich befriedigen, aber der Geist treibt uns immer weiter, betreibt in uns die Sehnsucht, ganz zu werden, über alle Grenzen hinaus. Heiliger Geist ist Lebensmut aus der Gewissheit, dass Gott längst mit mir zu tun hat. Alle Gelegenheiten, die mich aus träger Starre wieder in den Fluss des Lebens ziehen, machen klar, dass ich angeschlossen bin an den Kraftstrom Gottes. Heiliger Geist ist zu spüren, gerade auch dann, wenn wir merken, dass wir an ihm Mangel leiden. Wenn wir mürrisch und abweisend sind, uns einbunkern oder wenn wir mit großmauliger Kritiklust andere kuschen machen oder uns in Schadenfreude die Hände reiben, unfähig, uns durchschnittliche Menschen einfach ein Stück zu mögen – immer dann nagt etwas an uns, und wir spüren: Unserer Geistlosigkeit fehlt eben Heiliger Geist. Aber er rüttelt an uns, stößt uns an, will uns aufbrechen, uns den Horizont weiten, will der Schwachheit neue Kraft unterfeuern, den Stumpfsinn wegfackeln, uns neumachen.

Heiliger Geist strengt an

Er treibt uns aus der Trägheit, spornt an, macht wach und kann zu Einsichten führen, die wehtun. Er treibt zur Verwandlung, zum Training in Klarsicht, was Leben hindert und fördert. Er hebt uns den Kopf, der Wahrheit ins Auge zu sehen. Und wo wir gern zukleistern, zwingt er uns, Farbe zu bekennen. Heiligen Geist sich wünschen, heißt: frei werden wollen für das, was wir im Innersten wollen. Heiliger Geist entlarvt jedenfalls Wunschlosigkeit als Armut (D. Bonhoeffer). Wunschlos glücklich ist oft nah dran am wunschlosen Unglück. Heiliger Geist zieht uns aus unseren stillen Winkeln, lehrt uns, einzutreten für Freiheit, Gerechtigkeit, Brüderlichkeit. Heiliger Geist lässt die annähernde Lösung, die tragfähigen Kompromisse suchen. Er ist Dynamit, um die trägen Herzen und denkfaulen Köpfe aufzusprengen. Nur: von außen lässt sich das nicht beobachten. Man muss ihn selbst erfahren, wie er weckt, entflammt, entzündet, begeistert, ansteckt, hell- und einsichtig macht und entfesselt, um zu wachsen.

Der Stoff, der lustig zum Guten macht

«Das Gute», sagt Simone Weil, «ist immer neu und wunderbar und berauschend.» Haben wir uns mal durchgerungen, vom Bösen zu lassen, uns zu offenbaren und nackt zu sagen, was ist, dann fühlen wir uns wie neu geboren; erschöpft, aber glücklich. Wir spüren, ein anderer hat uns über unseren Schatten gehoben.

Doch mancher kaut an seiner Schuld wie an einem verrotteten aber lieb gewordenen Knochen der Hund. Und genau davon will Heiliger Geist befreien: kein Durcharbeiten des Immergleichen, sondern Befreiung, Neuausrichtung, Leben in neuer Melodie. Wenn wir eingebunden sind in Gott, dann haben wir den Tod hinter uns mitten im Leben – den Tod der Beziehungslosigkeit, den Tod der Vereinsamung, den Tod, den wir Menschen mit unserer Bosheit uns jeden Tag antun. Wir werden dann verknüpft, ohne dass wir unsere dunklen Seiten abspalten müssen. Dann brauche ich meine Missgunst nicht mehr an anderen auszulassen, dann muss ich nicht mehr auf den anderen zeigen: «Der da ist böse.» Heiliger Geist verbindet dann zu einer Gemeinschaft, die das Verschiedene aushält und fürs Gesamte fruchtbar macht. «Da ist dann nicht mehr Jude noch Grieche, nicht mehr Mann noch Frau, nicht Freier und Unfreier – sie alle sind eins in Christus» (Galaterbrief 3,28). Es ist, als bekämen wir zu unseren übrigen Sinnen noch einen hinzu geschenkt: Verbundenheitssinn, Wunschkraftsinn, Wahrheitssinn, Verstehensbegierde und auch Humor. Uns eröffnen sich lauter Lieben auf den ersten Blick. Zwischen uns ist nicht mehr nur Luft und die schneidenden, vorteilssüchtigen Interessen, sondern eine freundschaftliche, mitfühlende Atmosphäre. Und die macht, dass uns Einfälle vom Heiligen Geist gelingen, die augenblicklich dem anderen leuchtende Augen machen, wie wenn ein langgehegter Wunsch plötzlich erfüllt wird.

Spuren Gottes in der Sprache

Wir leben nicht nur mit der Sprache, wir leben aus ihr und von ihr. Sie formt uns, und wir verbrauchen sie. Ein neues Wort zu erfinden, ist den wenigsten gegeben: wir alle zehren von der Phantasie unserer Vorfahren. Ihren Glauben und ihren Aberglauben, ihr Denken, Fühlen, Wissen, ihre Ängste und ihre Freuden hat die Sprache gespeichert über wohl zehntausend Generationen hin. Wolf Schneider sagt das in seinem Buch «Wörter machen Leute» und schätzt, dass wir wohl mehr als 600 Millionen Wörter auf uns niederprasseln lassen in einem durchschnittlichen mitteleuropäischen Leben aus Lautsprechern, aus Zeitungsspalten, Büchern, Gesprächen, Befehlen und Liebesgeflüster.

Es tut gut, einmal nachzudenken über die Gabe der Sprache, denn es ist ja unermesslich wunderbar, dass wir Worte hören und reden können, nicht nur Wörter, Wortfetzen, Vokabeln, sondern Wortketten. Wir geben uns Sinn weiter; teilen uns mit, was uns bewegt; unendlich differenzierter, also auch genauer, umfassender, als wir von Natur aus fühlen. Von Natur aus fühlen wir ‹aua›, aber sprechend können wir den Schmerz auffalten, können ihn zum Reden bringen und der Heilung zuführen.

Kennzeichnend für den Menschen ist sein aufrechter Gang, der die Hände freimacht, ihn nach vorn schauen lässt. Schon von dieser Körperhaltung her kann man das Menschliche beschreiben. Aber das einzigartig Menschliche ist noch tiefer gegründet – eben in unserem Sprachvermögen.

Auch die Tiere segnete Gott und sprach: «Seid fruchtbar und mehret euch.» Aber vom Menschen heißt es: Gott segnete sie und sprach *zu ihnen* (1. Mose 1,28). Und im Wonnegarten Eden, also vom Ursprung her, spricht Gott den Menschen an: «Adam, Eva, wo bist du?» Und die Menschen sagen: «Wir versteckten uns, weil wir uns schämen» (1. Mose 3,9 f.). Man kann die ganze Geschichte ansehen als das verborgene Bemühen, uns Menschen ins Licht zu holen, in Zwiesprache mit dem Geheimnis der Welt. Und «Worte Gottes», das sind die Losungsworte, die Erlösungsworte, die uns aus dem Bann der Angst, der Verlassenheit losmachen.

121

Wir leben von gültigen Worten

Wir leben in einer Zeit der Wortinflation. Bei der Leipziger Buchmesse vor 250 Jahren gab es 300 Neuerscheinungen, gerade das, was ein viel-lesender Mitmensch in Eile verkraften konnte. Bei der letzten Frankfurter Buchmesse gab es mehr als 90.000 neue Buchtitel. Worte, nur Worte, – «zum Fenster hin ausgeredet», das sagen wir von den Politikern manchmal – und «Reden ist Silber, Schweigen ist Gold.» Unter dem Bombardement von Werbung möchte man zu dieser alten Erkenntnis greifen und dem Radio und dem Fernsehen die Stimme abdrehen.

Am anderen Ende sehnen wir uns nach gültigen Worten, warten auf handgeschriebene Briefe, das Jawort, ein erhellendes Gespräch und dass mich einer bei meinem Namen nennt, warten auf ein Lobeswort, einen Dank, ein Gedicht, ein Bibelwort als Überschrift meines Lebens, – unsere Seele ernährt sich von Worten. So ist es wohl.

Darum ist ja so viel Leid in verstummten Ehen, in ausgeglühten Freundschaften; wenn man sich nichts mehr zu sagen hat, hat man einander schon verlassen. Andererseits die miteinander alt gewordenen Paare, zueinandergelehnt. Auch ohne viele Worte sind sie miteinander in Übereinstimmung.

Was macht das mit uns, dass wir in Sprache verfasst sind? Ist es wesentlich für uns, dass wir nicht erstrangig per Nase und Duft gesteuert werden? Dass wir die Welt nicht erstrangig abtasten, sondern besprechen? Hat das was an sich?

Andere Religionen stellen sich den Sinn der Welt vor im Bild eines Tänzers, der die Sphären mit Musik zusammenhält, andere sehen Gott als Töpfer oder als Schmied. Juden und Christen gilt das Wort als göttliches Werkzeug. Und Gott sprach: «Es werde Licht.» Und es ward Licht. Und Gott sprach: «Lasst *uns* Menschen schaffen» (1. Mose 1). *Uns!* Also Zwiesprache im Weltengrund selbst. Auch vor der Schöpfung war Gott nicht allein und schweigend, brütend, sondern der Wille, sich zu äußern, war immer bei ihm. Das Johannes-

Evangelium sagt es bündig, fundamental: «Am Anfang war das Wort. Und das Wort war bei Gott, und Gott war das Wort. Alle Dinge sind durch dasselbe gemacht. Und das Wort wurde Fleisch und wohnte unter uns, und wir sahen seine Herrlichkeit, und von seiner Fülle haben wir alle genommen Gnade um Gnade» (Johannes 1, 1.2. 14.16).

Das Geheimnis der Welt hat sich in Sprache eingesenkt. Und wir werden hörend und sprechend als Betreffende, als Einmalige herausgeschält. Dass wir ermächtigt sind zu hören und zu sprechen, ist nicht nur ein verfeinertes Informationswerkzeug, sondern ist eine göttliche Spur quer durch unser Dasein. Noch im alltäglichen Redefluss lauschen wir nach einem Wort, das uns Lebensmittel wird, das uns anruft, uns auftauchen lässt aus dem Strom der Zeit.

Ein Kind am Strand, auf dem U-Bahnhof, im Kaufhaus hat seine Mutter verloren, sitzt da und weint – und von ferne der erlösende Ruf: mein Name! Mutter meint mich. Angelehnt an diese Rettungserfahrung von uns allen ist dies Haltewort: «Fürchte dich nicht. Ich habe dich bei deinem Namen gerufen, ich habe dich erlöst, du bist mein» (Jesaja 43,1). Du Mensch, zur ewigen, nicht endenden Zwiesprache geschaffen!

Darum sind wir nicht satt zu bekommen mit Brot und Sachen. Kinderzimmer voller Plastikspielzeug, junge Leute an Computern, autistisch fast; Beatschuppen, in denen es so laut ist, dass man nicht reden kann – das alles kennzeichnet den Mangel. Denn wir brauchen Worte, die sich über den Abgrund des Unausgesprochenen hinbeugen. Wir wollen bestätigt werden: «Gut, dass Du da bist! Du fehlst uns!» Wie tut das gut. Weil wir wenig Biologie und Körper sind, sondern viel Sinn, Würde, Zugehörigkeit suchen. Wir müssen uns vergewissern, dass wir gewollt sind von Menschen, die nicht einfach durch uns hindurchgehen, sondern uns anschauen, ansprechen, anerkennen. Wir sind bedürftig dieses Rufes: «Mensch, wo bist du? Wer bist du? Zeig dich mir! Rede dich frei! Gib dich zu erkennen!» –

In uns drängt das Geheimnis der Welt, dass wir nicht selbstgenügsam nur da sind, nur vorhanden, sondern wahrgenommen werden als einzigartig wunderbar. Darum bleiben wir lebenslänglich auf der Suche nach Sympathie, nach Menschen, die uns Rückhalt geben.

Sprache macht uns bedeutend

Im Krankenhaus manchmal die leichenkalte Fachsprache des Mediziners. Und dann das erlösende Gespräch: ein Mensch kommt und nimmt mich wahr, meine Angst, mein Hoffen – und teilt mein Leid, trägt es mit durch Zuhören, Zureden. Und ich glaube mich im Guten, weil ich verstanden bin.

Jesus damals muss eine ungeheure Kraft mitgebracht haben, dass in seiner Nähe Menschen sich angesprochen glaubten vom Wesentlichen. Und von Stund an sortierten sie ihre Welt neu: Menschensatzungen zerfallen ihnen zu Papier. Die alten Festlegungen, du bist der und der, die und die, das und das, beachten sie nicht mehr, sie sehen sich unmittelbar mit Gott im Gespräch. Sie können Vater, Mutter, Priester verlassen, können zur eigenen Verantwortung finden.

Wir sind von Sprache geprägt. Die nackten Tatsachen verschlingen uns nicht. Wir sind freigelassen zu fragen, was dies und das bedeutet. Dafür haben wir Denkvorgaben: in Sprache gefasst ist das Wissen, die Ahnung, die Hoffnung derer vor uns.

Die Totenklage ist wohl die älteste Sprache der Welt: Menschen, die ich liebte, die mich liebten, loslassen können, weil sie heimkommen. Aber dankbar ihrer gedenken, wie sie freundlich mit mir sprachen. Sie im Guten aufgehoben wissen, das wird uns sprachlich vermittelt.

Mutter sein, Vater sein, Kind sein, Bruder und Schwester sein: in diesen Worten wird uns ein Ordnungsgefüge überliefert, das nicht von Feindschaft geprägt ist, sondern von Zugehören. In diesen Worten formt sich aus dem Chaos ein Weltganzes, das auch mir Platz und Auftrag einräumt. So wird mir ein Kind zum Befehl, ihm zu helfen. Ein Kind, das Hilfe braucht, wird zu meinem Kind. Ein Mensch, der mit mir freundlich spricht, wird Schwester, Bruder.

Sprache hilft, dass wir uns nicht Fremde bleiben, einander nicht abweisen müssen. Sprachlich gehen wir einander an, machen uns einander vertraut, geben uns ein Wort, geben unser Wort, nehmen uns beim Wort. Darin ist verwoben das Wort, das uns im Leben hält; im Menschenwort versteckt sich das Geheimnis der Welt. Wir – Verstecke von Gottes Wort. Wo sind die Dichter, die wie Goldwäscher das Ja-Wort herauslösen aus dem Staub des Sprachmülls? Wir – auf der Suche nach dem Für-Wort, ein Leben lang, nach dem Für-mich-Wort, das mich auswickelt zum Selbstwerden.

Ein Kind ist krank. Die Mutter bringt's zu Bett und setzt sich zu ihm (Vater kann's auch) und beginnt, ihm Geschichten zu erzählen. Heilung durch Erzählen. Das Kind erlebt, dass es dazugehört, und dass es gut wird, wie es wird. «Vielleicht», sagt Walter Benjamin, «vielleicht wäre jede Krankheit heilbar, wenn wir uns nur weit genug an ihre Entstehung heranerzählen. Ob die Krankheit bis an ihre Mündung sich verflößen lässt auf dem Strom des Erzählens?» Aber der Schmerz, sich zu erinnern, ist starker Staudamm, der der Erzählströmung widersteht, bis einer fragt, geduldig und präzise, fragt aus Interesse (lateinisch inter-esse dabei sein).

Uns ist Seele eingegeben, die sich nach außen stülpen muss. Die Wahrheit, die mich trägt, habe ich nicht. Sie liegt außerhalb meiner selbst. In Menschensprache steckt das Saatgut von Gewissheit und Trost. «Einen in eine herzliche Unterhaltung einfädeln, und man wird ihn bald sein linkisches Wesen abwerfen sehen» (Robert Walser).

Andererseits – wie wir uns gewalttätig machen, uns der stummen Wut ausliefern durch Verweigern von Teilnahme. «Warum», fragt Peter Sloterdijk, «warum hat der große Sokrates seiner Frau Xanthippe die schlechte Laune nicht lösen können, ihr nicht zu einer Sprache verholfen, in der sie die Gründe und Rechte ihres Verhaltens hätte ausdrücken können?»

Mit Sprache können wir auch töten. Mit gewissenlos gemachter Sprache der Nazis haben die Morde angefangen.

Und darum ist Jesu Wort so wichtig: «Ja, du sollst nicht töten. Ich aber sage euch: Wer mit seinem Nächsten zürnt, ist schon des Gerichtes schuldig. Und wer sagt: du Nichtsnutz, du Narr, ist der Hölle wert» (Matthäus 5,22).

Jesus traut uns Worte zu, die am Leben halten. «Und Menschen durch Worte am Leben halten, ist das nicht beinahe schon so wie durch Worte (die Welt) erschaffen» (E. Canetti)?

Das Geheimnis der Welt hat sein Wort in unsere Worte versteckt. Geben wir einander Worte von Zusammengehören und Trost. Legen wir für den andern gute Worte ein.

«Ich glaube an den Heiligen Geist», sprechen wir wohl mit Über-zeugung. Aber bei «Kirche» stocken wir. «Ich glaube an den Heiligen Geist» – da trägt mich was, da bin ich getragen. Aber bei Kirche, da glaube ich nicht an sie, sondern glaube sie, halte sie für wichtig in ihrem Kern, trotz ihrer Schwächen.

Vom Heiligen Geist beatmet, kann ich Kirche wahrnehmen, mal als Strom, mal als Rinnsal aber immer kostbar als Überlieferin der Bibel. Kirche ist das institutionell gefasste Becken für die Quelle Evangelium, aus der Ströme lebendigen Wassers fließen, schon immer, immer noch. Gemeinschaft der Heiligen ist die Schar der Wasserträger, die der Menschheit Glaube und Liebe und Hoffnung bringen, dem Jesus nach.

Das griechische Wort für Kirche ist «ekklesia» und bedeutet «die Herausgerufenen». Wie Schafe, unter die Wölfe geschickt, sind sie. Und Salz der Erde, Licht der Welt, Sauerteig der Gesellschaft, Braut Christi, Leib Christi, das wandernde Gottesvolk, Bauarbeiter am Reich Gottes. Sechsundneunzig verschiedene Bilder für Kirche fin-den sich im Neuen Testament. Und doch passt keines auf die drei landläufigen Vorstellungen von Kirche: die Kirche als große Mutter, als Dienstleistungsunternehmen und als Verein für religiös Interes-sierte.

In Träumen taucht die Kirche oft mutterhaft und schutzge-während auf. Die römisch-katholische Kirche sieht sich gern in solcher Mutterrolle, festgegründet, sicher, unfehlbar. Im Schoß der Kirche kann man die Stöße des Lebens leichter überstehen. Priester in schönen Gewändern, mächtig, zu vergeben und zu strafen, sind auch in weltlichen Dingen Ratgeber. Man muss nur an die Kirche glauben, dann übernimmt sie auch die Gewissensbisse. Das Gott-Nachdenken überlässt man den Fachleuten.

Ein Abglanz dieser mütterlichen Versorgungskirche hat sich erhalten in der evangelischen Kirche, die Dienstleistungen anbietet:

127

An den Schnittpunkten des Lebens leistet sie ihren Beistand. An den wichtigen Stationen des Lebenslaufes holt man sich Geleit und Betreuung und vergewissert sich, dass das, was einem geschieht, mit dem Sinn der Welt zusammenpasst. Man lässt sich bedienen und zahlt seinen Preis. Man benutzt die Kirche, fühlt sich aber nicht als Kirche. Die innersten religiösen Gedanken hegt man für sich allein. Zur Kirche gehört man, geht aber kaum hin. Den Pastor sucht man als den Sozial-Ingenieur der Gegend und entschuldigt sich noch, wenn man um ein Gebet bittet.

Und die dritte verkrüppelte Form von Kirche ist der fromme Verein, der kleine Kreis Gleichgesinnter – selbstgenügsam und ohne Ausstrahlung, sich selbst erbauend. Man spricht die eigene Sprache, fühlt sich warm beieinander und auserwählt gegenüber den Irrenden und Verlorenen draußen. Ein prosperierender Zweig invalider Kirche ist die kampfstarke Sekte. Sie hält ihre Sorte Christsein für die einzig wahre. Sie nimmt Suchende in tüchtige geistige Bearbeitung und Gebetsstürme. Sie stattet ihre Bekenner bei genügendem Gehorsam mit dem grandiosen Gefühl aus, die einzig rechtmäßig Glücklichen zu sein.

Wir kirchengeschädigten Schuldner der Kirche

Wir alle sind wohl kirchengeschädigt, ob von der entmündigten Mutter-Kirche oder der blassen, gefühlskalten Wortkirche oder dem beklemmenden Winkelverein. Wir alle sind aber auch vieles der christlichen Gemeinde schuldig geblieben: unsere Phantasie, unsere Solidarität, unser kirchliches Geleit, die Treue, das Nachfragen. Wir zeigen mit Fingern auf die Sünden der Kirche und vergessen, dass wir auf unsere Eltern, unsere Vorfahren zeigen. Es gab damals keine bessere, keine Jesus nähere Kirche, weil unsere Vorfahren, wie wir, nicht gern dem Jesus nachfolgten. Wir machen lieber unsere eigene Show. Darum die Machtkirche. Oder die Kriechkirche. – Christen unter Hitler ließen sich für ein Linsengericht, für nationalen Ruhm,

alle Zehn Gebote abhandeln und fielen vor Hitler nieder, jedenfalls
die meisten Pastoren und die Lehrer und die Juristen und Bäcker-
meister und Mütter. – Die Pastoren sind nicht schlechter, nicht besser als die Gemeinden. Aber besonders gefährdet sind die, die das
Gute lehren sollen. Heuchelei gehört zur Amtsausstattung, wenn
wir von anderen die guten Werke verlangen, die wir selber zu tun
nur wünschen. Auch Gemeinde kann mit Ehrerbietung und zu
hoher Erwartung Pastoren überkandidelt machen.

Pfingstliche Kirche als Gegenbild zu Babel

Was Kirche sein soll und was nicht, dafür sind zwei grundverschie-
dene Geschichten aus den frühen Tagen der Menschheit überliefert.
Da ist auf der einen Seite der Turmbau zu Babel (1. Mose 11), der
für den Menschenwahn steht, mittels Macht und Technik groß und
wohlhabend zu werden. Der mächtige Mensch ist in Gefahr, sich für
den Herrn der Welt zu halten, dem erlaubt sei, was ihm gefällt. Dann
zählt für ihn nur, was sich für ihn bezahlt macht. Die Kosten wälzt
er auf die Unterlegenen ab. – Offenkundig ist, dass dann die Sprache nicht mehr zum Verstehen dient, sondern um anderen den Platz
zuzuweisen, sich zu unterwerfen.

Die Verwirrung der Sprache muss nicht verfügt werden, sie ist
der Fall. Ein Wort allein belegt dies. Das Wort «verhören» hat zwei
Bedeutungen: 1. ich habe mich verhört und darum dich nicht ver-
standen; 2. ich verhöre dich, ich werde dich gegen dich verstehen.
Die Tragödie der in Herrscher und Unterworfene zerfallenen
Menschheit reicht bis in die Sprache.

Der Turm zu Babel wurde gebaut im Auftrag von Mächtigen, die
sich gegen andere «einen Namen machen wollten» (1. Mose 11,4).
Seitdem ist der Turm von Babel das Sinnbild der nichtkooperieren-
den, der triumphierenden Menschen-Wünsche. Sie lassen uns auseinander fallen in verschiedene Gruppen und Interessenverbände und
Machtblöcke.

Das Gegenbild dazu ist Kirche in ihrem besten Fall: «Und als Pfingsten gekommen war», berichtet Lukas in der Apostelgeschichte, Kapitel 2, «da waren sie» – die ersten Christen, verschieden an Sprache, Sitte, Stand und Besitz – «alle an einem Ort beieinander. Und es geschah plötzlich ein Brausen vom Himmel wie von gewaltigem Wind, und es erschienen ihnen Zungen zerteilt, wie von Feuer; und sie setzten sich auf einen jeden von ihnen, und alle wurden erfüllt von dem Heiligen Geist und fingen an, zu verkünden in andern Sprachen, wie der Geist ihnen gab auszusprechen. – Und es waren da Gottesfürchtige aus allen Völkern unter dem Himmel, ein jeder hörte sie in seiner eigenen Sprache reden von den großen Taten Gottes.» Hier, am Anfang, wird der Keim von Kirche in idealer Weise freigelegt: Voll des Heiligen Geistes finden sie sich als Weltfamilie, als Oekumene (aus griech.: gemeinsames Haus), als ganzer Erdkreis (griech. katholisch). Wir werden zur Familie Gottes, zum einen Leib des Christus durch Inspiration, durch Atemspende des Heiligen Geistes. Dies Zutrauen zum Heiligen Geist hat Kirche zu hegen und zu pflegen. Sie hat eine dienende Rolle. Sie soll die Zeugenschaft der ersten Jünger fortsetzen: die Offenbarung Gottes als liebender Grund aller Kreatur, in diesem Jesus Christus besiegelt, soll sie weitersagen und auffalten für jede Gegenwart.

Die Geschichte der Kirche ist voll Licht und Schatten wie die Menschheitsgeschichte überhaupt. Gleich am Anfang liegen Glanz und Elend wie unter einem Brennglas beisammen: Die Apostelgeschichte erzählt von einem urchristlichen Liebeskommunismus (2,44 f): «Alle waren beieinander und hatten alle Dinge gemeinsam. Sie verkauften Güter und Habe und teilten aus unter alle, je nachdem es einer nötig hatte.» Aber gleichzeitig tadelt Paulus die, die beim gemeinsamen Abendmahl «ihr eigenes Mahl vorwegnehmen, und der eine ist hungrig, der andere ist betrunken» (1. Korintherbrief 11,21). Wegen Prasserei und Trunksucht und ungenügendem Teilen wurde bald das Abendmahl zu einer kargen symbolischen Handlung verkürzt. Auch schilt Paulus die Korinther «aufgeblasen», giftet sie an wegen «Unzucht, wie es sie nicht einmal unter Heiden gibt» und verfügt: «Dieser Mensch soll dem Satan übergeben werden zum Verderben des Fleisches, damit der Geist gerettet werde am Tage des Herrn» (1. Korintherbrief 5,1. 2. 5). – Damit beschafft Paulus die Legitimation für die kommenden Ketzer- und Hexenprozesse der Kirchengeschichte, die Jesu Auftrag ins Gesicht schlagen: «Lasst Unkraut und Weizen beieinander wachsen bis zu meiner Ernte» (Matthäus 13,30).

Kirche ist nicht gut genug für Jesus. Schon die ersten Jünger haben all die Fehler der zukünftigen Kirche: Sie streiten um die besten Plätze (Matthäus 20,21); sind kleingläubig, hochfahrend gegen Frauen und Kinder, schlafen in Gethsemane ein, verraten, verleugnen, und verlassen ihn alle. Und doch schickt Jesus sie in seinem Namen los. Kirche sündigt noch. Sie laviert auch, sammelt auch Macht, um sich Durchschlagskraft zu besorgen, weil sie der Kraft nicht genug traut, die in den Schwachen mächtig ist (2. Korintherbrief 12,9). Sie hat Schätze gehortet und Kriege geführt und Gewissen geängstet. Auch Kirche braucht viel Vergebung.

Ja, auch Institution

Natürlich braucht die Kirche auch Ämter und Gebäude, Formen und Ordnungen. Spontan geschieht alles nur beim ersten Mal. Wenn mehrere Menschen beschließen, sich zur gleichen Zeit am gleichen Ort zu treffen, gibt das schon eine Institution, etwas Festgelegtes, das nicht durch neue Absprachen hergestellt wird, sondern aus einem Rhythmus in Wiederholung geschieht. Es wächst eine Ordnung, die trägt. Kirche, diese bald 2000 Jahre alte Institution, mit den Vorformen in Israel noch 1000 Jahre älter – diese alte Kirche mit vielen Dienstjahren hat viele Ämter und Riten, Ordnungen und Formen angehäuft und wieder abgestreift. Als Zentrum gilt der Gottesdienst mit Bibelauslegung, Taufe, Abendmahl und Gebet – also Aktivitäten, in denen Gott Menschen beruft, sammelt, erleuchtet und heiligt. Von Kirchenbeginn an hat es auch besondere Ämter und Dienste gegeben: Apostel, Propheten, Lehrer, Gemeindeleiter und Diakone (Römerbrief 12,7). Wo Verantwortlichkeiten ungeklärt blieben, da zerfielen die eben gegründeten Gemeinden wieder, darunter alle Gemeinden, die Paulus gegründet hatte. Sie zerfielen, weil Paulus nichts von Organisation hielt, sondern alles vom Elan des Heiligen Geist durchflutet sah. Nur Rom überdauerte die Gründungsgeneration, wohl darum, weil Paulus und Petrus die Nachfolge geregelt hatten, also durch Recht.

Wenn man heute auf die römische Weltkirche blickt, dann kann man schon Respekt bekommen vor der straff geführten Kirchenorganisation – und manchmal auch Angst. Da nehmen sich die 330 nicht-römisch-katholischen Kirchengemeinschaften, die im Ökumenischen Rat der Kirchen versammelt sind, sehr buntscheckig und individuell aus. Wir sollten die Gesamtkirche nicht gering achten. Schon Paulus sammelte in Korinth eine Kollekte für Jerusalem, um die Verbundenheit zwischen den Gemeinden zu stärken und klar zu stellen: Wir leben heute in einer Wahrheit, die wir nicht erfunden haben, sondern die uns geprägt hat. Wir Heutigen sind nur das jüngste Glied in einer Kette, die Gott durch die Zeit zieht.

Der Kirchenhistoriker Alfred Loisy hat schon um die Jahrhundertwende resigniert festgestellt: Jesus verkündigte das Kommen des Reiches Gottes, aber was kam, war die Kirche, die Institution, die Verwaltung, die Pastoren mit Pensionsanspruch, die schönen Gottesdienste, die manch einer besucht wie eine Theateraufführung.

Die sichtbare, anfassbare Institution Kirche ist nur so viel wert, wie in ihr die glaubensstarke, liebesfähige, hoffnungsvolle Gemeinschaft der Heiligen wächst. Und alles, was nicht dieser Auferbauung dient, muss abgeschafft werden. Diese Auswahl ist aber nicht Sache einsamer Entschlüsse von Kirchenvorständen geschweige einzelner Pastoren. Sie ist Sache der Gemeinde im Zusammenspiel mit der Gesamtkirche.

Statt Privatkirche

Ich begrüßte einmal einen Passanten und sagte ihm: «Ich bin der Pastor Ihrer Kirche!» Und er antwortete: «Nein danke, ich bin meine eigene Kirche!» So verständlich Distanz sein mag, sie bleibt Mangel, Verlust, innere Verarmung. Es gibt Eltern, die ihre Kinder nicht zum Konfirmationsunterricht schickten. Elias Canetti erzählt in seiner Biographie «Die gerettete Zunge» über seine Mutter: «Vor den Einwirkungen kirchlicher Instanzen wollte sie mich um jeden Preis bewahren und merkte nicht, dass sie dadurch selbst zur letzten Quelle aller Verkündigungen wurde. Die Kraft der höchsten Gebote war nun bei ihr.» Bei aller eigenen Distanz sollte man seinen Kindern doch Gelegenheit geben, eigene Erfahrungen zu machen.

Ich weiß nicht, wie die Welt ohne christliche Gemeinden existieren könnte. Zwischen Selbstverachtung und Selbstbeweihräucherung sehe ich nur den schmalen Weg freundschaftlicher Denk- und Lebensweise, die Gemeinde einübt, wenn auch oft verzagt. Kirche ist ein durch viel Schwäche und Rücksicht und Trägheit lädiertes Instrument. «Ein gewundenes Instrument, in das man seine ganze Seele hineinblasen muss, um am Ende wenigstens einen kleinen geziemenden Ton herauszubringen. Schon dafür braucht man eine große Puste» (B. Strauß).

Aber Kirche ist die Puste wert. Ohne Kirche brüteten wir noch dumpf zwischen Odins Pferdeopfern und Hitlers Mystik ohne Ethik.

Ohne das Evangelium, das Kirche bewahrt, würden wir schwerelos, leidlos hier sein, wie Lichter aufglühen und verlöschen, schicksalslos, sehnsuchtslos, schuldunfähig, das Gewissen nahtlos verkabelt; die Gebete zirpten die Computer. Wir glaubten an ADACs und Versicherungen und verfügten uns spurenlose Entsorgung in Plastikurnen unter grünem Rasen.

Mal Dank für Kirche

Ich bin dankbar für Kirche – für die Überlieferung von biblischer Geschichte, für die Schätze des Gesangbuches, für das Vaterunser, überhaupt für die Gebete und das Orgelspiel, für versammelte christliche Gemeinde rund um die Erde, dankbar für christliche Zeugen: Richard von Weizsäcker, Rupert Neudeck, Hermann Gmeiner. Kirche ist ein irdenes Gefäß für ewige Schätze, und um des Schatzes willen wird Kirche bleiben.

Nach 70 Jahren Atheismus in Russland, wie viel darf jetzt blühen? Auch Kirche hat ihre Jahreszeiten. Aber warum blüht es bei uns so farblos – mehr Fette Henne als Kornblumen und Margeriten. Ach, wir haben die Entdeckung von Kirche wohl noch erst vor uns. Bisher kennen wir sie vielleicht mehr vom Hören-Sagen.

Vielleicht ist es so, dass wir hier das Christentum nur in kleinen Dosen abkriegen, als Schluckimpfung, gerade so viel, dass wir dagegen immun werden. Vielleicht waren wir nur kritisch, nur ablehnend und ließen unsere Kinder religiös verwahrlosen. Sie büßen für ihre Eltern, wenn sie sich in Sekten verlaufen, sich der Knechtschaft und dem Hochmut strammer Führer unterwerfen. Manche Umwege sind schmerzlich bis man hinfindet zum saftigen Graubrot Evangelischer Kirche.

Kirche hebt nicht Asche auf, sondern hält ein Feuer am Brennen: Gut, dass sie da ist. Wir wollen uns mehr um sie kümmern.

Gemeinschaft der Heiligen

«Heilig» ist keine Qualitätsbezeichnung, sondern zeigt Besitz an; keine Eigenschaft wird benannt, sondern Eigentum. Zur Gemeinschaft der Heiligen, der Gott Gehörenden, zu zählen ist Grund für nicht-endende Freude. Das konnten unsere Vorfahren noch sinnfällig machen. Glanzvoll aufgehoben wusste man die «zum höheren Chor» Versammelten; sehr plastisch sah man Gott umkränzt von den Heiligen aller Zeiten, die nach mühsamer Erdenwanderung heimgekehrt waren. Ein Abglanz festlicher Bilder hat sich in dem Lied «Oh, when the Saints go marching in» von Louis Armstrong erhalten «Wenn die Heiligen bei dir, Gott, einziehen, dann lass mich mit dabei sein.» Vielen Generationen war dies höchster Wunsch – und viel Verzicht wurde geleistet in der Hoffnung, einst zu den Heiligen zu zählen.

Eine ferne Frucht der Reformation ist die Gewissheit, dass wir alle Gott gehören. «Wenn Gott überhaupt da ist, dann sind wir alle Gottes Kinder» – das jedenfalls bleibt vom Konfirmandenunterricht haften. Manchmal kann man Angst bekommen vor diesem «Ohne-wenn-und-Aber»; denn diese schlichte Gewissheit kann kraft- und folgenlos bleiben, verdünnt zu einer Religiosität, die nur noch an den Rändern des Lebens auflebt.

Die Kirche ist kein Selbstzweck. Ihr Sinn ist die «Gemeinschaft der Heiligen», die nicht namentlich abzugrenzende, auf keine Konfession oder Gottesdienstsitte festgelegte, unbestimmt große Zahl derer, denen Gott Freund ist und die ihm Gefährtinnen und Gefährten sind. Die evangelische Kirche weiß, dass Kirchenmitgliedschaft und «Gemeinschaft der Heiligen» nicht eins sind. Wie es unchristliche Menschen in den verfassten Kirchen gibt, so gibt es auch Christen außerhalb der Kirche. Weil die römisch-katholische Kirche sich für den Rohbau des Reiches Gottes hält, muss sie die Zugehörigkeit zu ihr zur entscheidenden Pflicht machen. Die evangelische Kirche ist bescheidener. Sie hofft, dass Gott «in, mit und unter» der Kirche sein Reich baut, identifiziert aber nicht die Kirche mit dem Reich Gottes.

Um dieser Bescheidenheit willen könnte eigentlich die Mitgliedschaft in der Kirche noch selbstverständlicher werden. Sicher «menschelt» es auch in der Kirche. Aber wo wird vertrauensvoller von Gott, liebevoller vom Menschen, hoffnungsvoller von der Welt gedacht, als in der Kirche? Für Glauben, Liebe und Hoffnung ist sie die Quelle, die weit über die Grenzen institutioneller Zugehörigkeit hinaus den geistigen Kräftehaushalt anreichert. Wer aus Ärger über Schwächen aus der Kirche austritt, verweigert die Mitverantwortung für diese Kirche. Er verstärkt die Schwäche, die er gerade beklagt. Wenn er nicht Atheist oder banaler Konsumnihilist ist, steht er seinem eigenen Gewissen gegenüber in der Pflicht, zu wissen, wohin er statt dessen tritt, wenn er austritt.

Zentrum Gottesdienst

Dass Menschen sich zu Gottesdiensten versammeln, ist nicht Hobby, sondern Fortsetzung von Jesu Tun damals. Im Gottesdienst dient Gott den Menschen, impft uns mit Sehnsucht nach sich, verknüpft uns mit sich, deckt auf, dass unser Lebenslauf Strecke in seinem Kursbuch ist. Er entfernt die Plastikhaut von unseren Seelen, schärft unser Gewissen, trocknet die Tränen, zündet in uns Lebensmut an. Er singt in uns seine Lieder. Er ruft in uns seine Gebete. Er reiht uns auf als Perlen seiner Kette. Er spricht uns Wert und Würde zu.

Schon der Gottesdienstverlauf, die Liturgie, hat eine ungeheure Kraft. Die Grundlagen des Lebens werden genannt. *Der* Himmel und Erde gemacht hat und Jesus von den Toten auferweckte, *der* nimmt hier das Wort. Texte der Bibel werden gelesen, und «ein Satz, eine Wortreihe, vielleicht schon hundertmal überlesen, leuchtet plötzlich wie der flammende Dornbusch» (M. L. Kaschnitz). Das Glaubensbekenntnis, gesprochen schon von 100 Generationen durch bald 2000 Jahre hindurch, beschreibt den roten Faden christlichen Glaubens. Und wir erinnern uns, wenn wir es mitsprechen, an die Vorfahren, die um Jesu willen tapfer geglaubt, fest gehofft und innig geliebt haben.

Wir spüren dann den Atem der Generationen, erkennen uns als Zwerge auf Schultern von Zwergen, die vom Glauben und der Liebe derer vor uns und neben uns angesteckt sind. Wir sehen uns eingereiht in eine Gemeinschaft der Heiligen.

Und dann wagt ein Christ eine Predigt, bekennt heute seinen Glauben und schlägt eine Brücke vom alten Text ins neue Leben. Als würde einer unerwartet bei seinem Namen gerufen, so soll der Hörer angesprochen sein. In kräftigen und unverzierten Sätzen soll sie sprechen, in «vernünftiger, listiger, behutsamer Rede, nicht donnernd, nicht polternd, sondern markerschütternd und heiter zugleich, herzbewegend und angenehm» (W. Jens).

Das Grundmuster von Kirche erkenne ich am klarsten, wenn ich am Abendmahl teilnehme. Es ist das Gemeinschaftsmahl derer, die Christi Mitarbeiter sein wollen. In Brot und Wein teilt Christus-Gott sich an uns aus und macht uns Ungleiche zu Gliedern an seinem Leib, beschreibt so, wer wir wirklich sind, nämlich seine Menschen, auch wenn wir noch dagegen anleben und so tun, als wären wir unsere eigenen Herren oder einsame Inseln.

Taufe, Konfirmation, Trauung, Aussegnung

Gott selbst baut die Gemeinschaft der Heiligen, auch mittels der Gottesdienste, in denen er das Wort nimmt und uns an seinen Liebesstrom anschließt. Taufe und Abendmahl sind die energievollsten Kontaktstellen. Zum Wort treten die Elemente Wasser, Brot und Wein hinzu. Sie machen die Freundlichkeit Gottes anfassbar.

Ein Wort von Robert Musil hilft, die Taufe zu verstehen: «Herr Beliebig weiß nicht mehr, wo er seine Ursache hat. Er fühlt sich wie ein abgeschnittener Faden, den die fleißige Nadel des Lebens haltlos ein- und auszieht, weil man vergessen hat, ihm einen Kopf zu machen.»

Die Taufe gibt dem Lebensfaden einen Kopf. Das Menschenkind wird eingeknotet ins Netz der Verbundenheit.

An den Wendepunkten des Lebenslaufs wird das Zu-Gott-Gehören bekräftigt. Beim Eintritt ins Erwachsenwerden feiern wir die Konfirmation. Noch einmal wird daran erinnert: Gott liebt dich, und Gott braucht dich, darum lebst du. Jetzt lebe als Mitarbeiter Gottes; übernimm die Rolle, die dir aufgetragen wird; knüpf mit am Netz der Verbundenheit und trage dazu bei, dass in deiner Gemeinde die Gemeinschaft der Heiligen wächst.

Bei der Hochzeit die Trauung: Das Geheimnis der Welt meint euch für einander. Wenn ihr Ihm glaubt, dass ihr zusammengehört, werdet ihr euch lieben und ehren, in Freude und Leid nicht verlassen; ihr werdet einander passend werden im Laufe der Zeit. Der Ehepartner wird einem als der erste Nächste anvertraut, mit dem man zusammen lernt, ein Liebender zu werden, und dies möglichst ein Leben lang, denn so lange brauchen wir mindestens, um liebevoll zu werden.

Bei der Beerdigung die Aussegnung: Leben wir, so leben wir in Gott; sterben wir, so sterben wir in Gott. Ob wir nun leben oder sterben, wir bleiben in ihm (Römerbrief 14,8). Angesagt wird: Wo wir loslassen, nimmt er uns auf. Wenn wir endgültig ausatmen, atmet er uns ein.

Kirche vertäut mit dem Ganzen

Sie hilft zum wissenden Wahrnehmen des Zusammenhangs. Dieser wird in Gottesdiensten angesagt, in Seelsorge und Beratung lebendig oder wahrnehmbar, in Gruppen und Arbeitskreisen der Gemeinde, in Denkschriften und Kirchentagen erprobt, in Worten zum Sonntag und Worten am Morgen veröffentlicht. Viele Muster hat die Kirche, manchmal kann sie Flussbett für Lebensmut sein.

Der Gottesdienst am Sonntag leitet an zum alltäglichen Gottesdienst: Die Woche über leben wir im Netz der Verbundenheit, das uns trägt und das wir knüpfen, an dem wir aber auch zweifeln und das wir auch morsch machen durch Ungeduld und Nachlässigkeit. Dann brauchen wir spätestens nach sechs Tagen wieder den Gottesdienst als Feierort und Training für die neue Woche, damit wir werden, was wir sind: Gemeinschaft der Heiligen.

Wir sind nur «matt Bestrahlte» (B. Strauß). Uns zur Gemeinschaft der Heiligen hinzuglauben, wäre Hochmut, wenn wir uns nicht aufgerufen und hinzugezählt wüssten aus Gottes Menschenfreundlichkeit. Diese zuvorkommende Gnade kann verderben zu dünnem Behütungsgefühl in schweren Stunden. Dass ich hinzugehöre, kann mich aber auch entwicklen zum Menschen in Jesu Nachfolge, kann mich machen zu dem, der ich werden soll.

Vergebung der Sünden

«Ich glaube Gott die Vergebung der Sünden.» Wissen wir noch, dass in dieser Aussage die Glückseligkeit steckt? Wir können es kaum noch wissen, weil Sünden geschrumpft sind zu Strafpunkten oder heruntergekommen sind zu Verstößen gegen die schlanke Linie.

Da fühlen die Friesen tiefer. Wenn etwas tragisch, verzweifelt, unfassbar ist, sagen sie: «Das ist Sünde.» Mit scharfem s gesprochen, geht es durch Mark und Bein. Wenn im alten Russland die Mörder aneinander gekettet zu lebenslänglicher Zwangsarbeit nach Sibirien abgeführt wurden, küssten ihnen die Mütter die Hände und bezeichneten sie mit einem Kreuz und sagten: «Du Unglücklicher, Gott geht mit.»

Dies in die Person Schneidende, dieses Gewalttätige fährt uns im Wort Sünde nicht mehr an. Wir sprechen von Unrecht, von Ungerechtigkeit, von Strafe, Resozialisierung, von Milieuschäden und Süchten, von schlechten Vorbildern und Überfüttertsein an Fernsehen. Wir wissen viel von beschädigender Erziehung und Aggressionen. Ganze Bücherregale stehen voll mit Ratgebern, die uns zu prima funktionierenden, selbstsüchtigen und doch netten Mitmenschen umbauen wollen. Wir haben viel Verständnis für soziale Abweichungen, meinen auch, dass einzelne sehr Auffällige mal hart in den Griff genommen werden sollen, aber wenn sie eines Besseren belehrt seien, die Randalierer, die Waffenschieber, dann sei die Ordnung wiederhergestellt.

Wir haben uns hier eine Ordnung zurechtgemacht, die ziemlich zivil das Auskommen regelt, jedenfalls für die, die mit ihrem Einkommen auskommen. Mord steht allenfalls mal in der Zeitung, Brandstiftung ist leicht als Versicherungsfall zu tarnen, Raub heißt heute Beschaffungskriminalität, Bereicherung passiert eher durch tausend ganz legale Steuertricks oder in der Grauzone von Computerschwindel. Die Moralgebote sind aufgeweicht und ins Private entrückt. Es scheint, als habe sich Sünde in Luft aufgelöst.

Was die Menschheit eben noch verzweifeln ließ, was Jahrtausende in Angst und Schrecken jagte, die Verfehlung vor Gott, der Frevel an Heiligem, scheint uns Modernen wie eine überstandene Kinderkrankheit. Man hat uns die Sünden ausgeredet und gesagt, es seien nur Komplexe. Doch mitten in uns ist soviel Unglücklichsein und Traurigkeit, eine ungeheure Spannung reißt an uns, wir merken das Ungenügen vor einer nichtirdischen Instanz. Und dies treibt uns zu Höchstleistungen oder ins Erstarren. Viele junge Leute tragen sich mit Selbstmordgedanken. Zu viele gehen davon oder rasen in den Tod oder fliehen in Drogen. Viele schütten sich zu mit Alkohol oder mit Arbeit. Viele nehmen Psychopillen, seelische Aufheller, die eigentlich aber gar nicht die Seele aufhellen, sondern nur die Wirklichkeit abdunkeln. Fünfjährige werden schon auf Erfolg dressiert, Achtzigjährige dürfen nicht alt sein, eine Leistungskralle sitzt uns im Nacken. Wir müssen erfolgreich sein, chic, akzeptiert, sonst zählen wir nicht. Vor wem eigentlich sind wir wer? Sind wir nur noch unter uns, wie die Ameisen unter sich sind?

Gültiger Hintergrund

Ich glaube, dass in Sternstunden Wahrheit in uns aufbricht. In Sternstunden, da darf ich schwach sein, darf versagen, muss mich nicht stylen, brauch' mich nicht rausreden. Etwas ergreift mich und lässt mich im Guten sein. Offenbarung fällt dann in uns ein. Dann spüren wir, dass du, ich, zu einem ganz anderen Ganzen gehören und fühlen das Verwobensein mit heilenden Kräften. Wir merken, dass unser Gewissen in Jenseitigem, in Unzerstörbarem wurzelt. Eine Instanz, Gott genannt, geht uns in klaren Stunden auf als immer-da-seiend, schweigend gegenwärtig, ein gültiger Hintergrund, der mich wahrhaftig macht.

Die Religionen, das Christentum vor allem, stellen uns vor diesen gültigen Hintergrund. Der, vor dem alles da ist, macht uns menschlich. Ohne Gott leben, ist Tod, getrennt sein vom Wahren, ist Sünde.

Das alte Wort Sünde, «Sund», meint das Trennende, getrennt vom Wesentlichen. Da nehme ich von mir und von allem anderen nur Schatten wahr, nur gespenstige Schemen. Dann behandeln wir Menschen wie Sachen und verehren Sachen, als wären sie Menschen. Die Maßstäbe sind dann verzerrt: eine Spinne erscheint uns riesengroß, trachtet nach unserem Leben; und eine Atombombenexplosion oder die Tschernobyl-Katastrophe wird uns auf Bildschirmgröße miniaturisiert, als sei es nur ein handhabbarer Unfall. Die alte Geschichte vom Sündenfall bewahrt diese Verkehrung: Menschen irren durch den Garten und suchen sich zu bekleiden. Als könnten sie ihrer Scham, ihrem Ausgeliefertsein durch Verstecken entkommen. Da passiert ihnen die Offenbarung. Gott spricht: Adam, Eva, Mensch, wo bist du? (1. Mose 3,9) Wenn uns der, das Vollständige vor sich ruft, geht uns die Wahrheit über uns auf, und auch die Dinge erhalten ihre rechten Proportionen.

Verfehlung

Ein Wort für Sünde ist vom Bogenschießen genommen: Sünde ist Verfehlen des Zieles. Ohne Zentrierung um Gott «ist doch unser Tun umsonst auch in dem besten Leben!» Welchen Sinn machen Sauberkeit und Ordnung, für sich genommen: es gibt Menschen, die alles ordnen und katalogisieren und inventarisieren für einen fernen Fall. Oder welchen Sinn macht Geldanlegen, immer zinsgünstiger, wenn man sich und anderen nichts gönnt. Wie verquer leben wir mit Machen und Rackern und blindem Sammeln. «Wir bringen unsere Jahre zu wie ein Geschwätz», sagt ein wunderbares klarsichtiges Wort aus Psalm 90. Doch Gott lässt uns nicht verkommen in dieser künstlichen, neurotischen Welt. Er stellt uns vor sich ins Licht vor seinem Angesicht (Psalm 90,8). Irgendwann trifft der Schlag der Erkenntnis uns alle: Du und ich, ein Krümel Biomasse; schon ein Zahnschmerz reduziert mich auf Fleisch und Blut – wenn nicht das Licht der Liebe mir aufginge und meine Seele mir bewahrte! In dir, in mir pocht Gott sein: «Du gehörst mir. Du – Splitter von Ewigem, du – aufgespannt, Gutes zu erfahren, du – Diamant der Freude, die das Leben schafft.»

Wir werfen immer wieder Gräben auf gegen Gott und igeln uns ein in unsere kleinen Behaglichkeiten und unsere kleinen Freuden des Lebens und schütten Berge auf, hinter denen die Liebe untergeht. Aber Gott lässt uns nicht verkommen. Er stellt uns wieder und wieder. Wir kommen in Situationen, da dreht es uns um – wir entdecken uns vor einem Abgrund in uns. Die Maske des Wohlanständigen fällt uns ab. Ich sehe meine Schlechtigkeit und verachte mich. Wenn ich diesen Augenblick der Wahrheit nicht verdränge, sondern mich unter dem Kreuz Christi stehen sehe mit den anderen Mördern, Heuchlern, ehrsamen Leuten und seinen Tod mir zu gut geschehen sein lasse, könnte ich heil werden. Ich könnte bereuen wie noch nie zuvor, überwältigt von Liebe, die mir Miesling widerfährt. Wenn ich mir das gefallen lasse, dass zu mir Versager sich Gott bekennt, mich gerecht, ihm recht spricht, brutto – dann kann ich neu geboren werden. Und meine Verachtungswut, die Ursache für so viel von mir angetane Verachtung, sie muss ermatten.

«Die Sünder sind schön, weil sie von Gott geliebt werden», sagt M. Luther. Du, schmeiß dich auf diesen Glauben, begrab deinen Hochmut, als seist du, was du aus dir machst. Von dir aus gesehen bleibst du bös-gut, gut-bös, zu allem fähig. Glaub dich als begnadigten Sünder. «Ist nicht Ephraim mein teurer Sohn, mein mir anvertrautes Kind?» hört Jeremia (31,20) Gott sagen. «Ich gedenke oft daran, was ich ihm zugesagt habe. Darum gebricht mir mein Herz gegen ihn, dass ich mich seiner erbarmen muss.» – Diese Dramatik im guten Ganzen ist unsere einzige Chance. Lass sie über dir gelten, es ermächtigt dich, so viel Gutes zu tun wie du kannst, und deinen Mist, deine Sünden befiehl dem «Liebhaber des Lebens» (Weisheit 11,16).

Luther sagt das drastisch. Beim Gutestun «sündige tapfer und glaub noch tapferer».

Gott wird mit uns fertig

Er schafft die Lieblosen in Liebende um, die Hässlichkeit verwandelt er in Schönheit, gibt den Rastlosen Ruhe, den Wortlosen seine Rede und verleiht dem Erdschweren Flügel (nach M. L. Kaschnitz). Das meint: Gott, der Vater des Lichts, zieht das Dunkel als Schleppe mit sich, bis er sie hebt, damit Licht ins Dunkel dringe. Es gibt genug dunkle Falten in unserm irdischen Leben. Gedacht als Kinder des Lichts, leben wir noch mit Schatten. Aber wir dürfen diese Schatten nicht anderen aufbürden, nicht der Gesellschaft, nicht Gott oder gar seinem eingebildeten Handlanger, genannt Teufel, auch nicht den Eltern. Es ist mein Schatten. Er gehört zu mir, muss gelebt sein, bis wir ganz erlöst werden. Bis dahin tu nicht mehr Böses, als du tun musst, um zu leben und soviel Gutes, wie du kannst. Und in dir reift vielleicht Erbarmen mit den andern Sündern, weil du von dir selbst weißt: «Alles Schreckliche ist im Grunde das Hilflose, das von uns Hilfe will» (Rilke).

Petrus trat mal zu Jesus und fragte: «Herr, wie oft muss ich meinem Bruder, der an mir gesündigt hat, vergeben? Genügt siebenmal?» Jesus sprach zu ihm: «Ich sage dir: nicht siebenmal, sondern siebzig mal siebenmal» (Matthäus 18,21 f.).

Eine frühe religiöse Erfahrung der Menschen war die Ahnung eines gewalttätigen Gottes, der mächtig und grausam handelt. Und die Folge davon war, dass die Menschen es für richtig hielten, sich siebenfältig zu rächen. Spuren dieser archaischen Religion bewahrt die Bibel auf: Lamech, einer der Nachkommen von Kain, sang: «Wer mich schlägt, der soll 77fach geschlagen werden» (1. Mose 4,24).

Wohl tausend Jahre später haben die Menschen von Gott mehr erfahren: Es ist ein Gott, der mit den Menschen einen Bund schließt und sie auf Recht als Basis des Umgangs mit Gott und den Mitmenschen verpflichtet. Die Folge war, dass die Menschen das Gesetz fanden: Auge um Auge, Zahn um Zahn (2. Mose 21,24). Dies ist ein gewaltiger Forschritt: Erkannt wird die menschliche Fähigkeit, Rache zu mäßigen gegenüber der Schuld des anderen.

Gott sei Dank, ist es dabei nicht geblieben, sondern der, der das Leben betreibt, wurde Mensch. Dieser Jesus Christus sagt: «Liebet eure Feinde, bittet für die, die euch verfolgen. Wenn dich einer auf deine rechte Backe schlägt, dem biete die andere auch dar (Matthäus 5,44,39)». Aber wir sind anachronistisch. Wir richten uns immer noch nach den Empfangssignalen der Steinzeitmenschen. «Auge um Auge, Zahn um Zahn» ist dagegen schon viel und dämpft die maßlose Wut. Wenn wir sagen, das Evangelium wäre veraltet, irren wir sehr. Wir sind noch lange nicht in diese Erfahrungen mit Jesus Christus hineingewachsen. Wir mit unseren Computerfähigkeiten hängen immer noch an urzeitlichen Rachegefühlen und Gewaltgöttern.

In Jesu Gebet «Vaterunser» wird unter dem Lebenswichtigen Vergebung und Vergeben aufgeführt. Wir brauchen Vergebung wie das tägliche Brot. Wir müssen vergeben. Denn wir leben von Gnade. Du bist beschenkt wie der, der eine Million Mark Schulden von einem reichen Mann erlassen bekommen hat. Wagst du, zu deinem Schuldner hinzugehen und Pfennigbeträge einzutreiben (Matthäus 18,21–35)? Das aber ist ein Problem: Erleben wir uns als so beschenkt, als so von Gott begnadet, dass wir selber großmütig werden?

Wir Beschenkten

Du und ich, wir sind doch begnadete Menschen. Du und ich, wir sind mit so viel Gaben beschenkt. Du und ich, wir können Gott glauben, dass wir nicht abgerissene Zweige und isolierte Brocken im Weltall sind. Du und ich, wir sind mit der Hoffnung beschenkt, dass unsere Lebenszeit in Gottes Zukunft eingebettet ist. Du und ich, wir haben es erlebt, dass wir gelassen leben können, ohne von Furien gehetzt zu sein. Wir haben doch die Gnade erlebt, dass wir von unseren Begierden und Leidenschaften nicht zerstört werden.

Du und ich, wir brauchen nicht zu töten, brauchen nicht die Ehe zu brechen, nicht falsch Zeugnis zu reden wider den Nächsten. Wir müssen nicht stehlen. Wir sind so begünstigt, dass wir unser Auskommen haben auf legale Weise. Wir haben auch erlebt, dass unser Handeln viele Lücken aufwies, aber in diese Lücken gnädiges Geschick einfloss. Du und ich, wir mussten so oft die Folgen unserer Taten nicht ausbaden. So viel Gnade, so viel Glück, so viel Bewahrung – «in wie viel Not hat nicht der gnädige Gott über dir Flügel gebreitet» (EKG 234,3) – du hast es erlebt.

Heiliger Geist flog mich an, mein Jähzorn ließ mich nicht nach dem Hammer greifen. Mir, Saul, spielte ein David Sanftmut in die Seele zu gegebener Zeit. In letzter Minute überfiel mich der gnädige Einfall, die bewahrende Einsicht. Wir haben es erlebt, dass Gott dabei ist, unsere Seelen empfänglich zu machen für Freude.

Wir alle haben doch ein Übermaß an Gnade und Glück erlebt; wir sind Beschenkte. Und es ist eine Sache der Einsicht und der Fairness gegen Gott, uns als Beschenkte zu erkennen, und unsern Schuldigern zu vergeben.

Weitergeben

Das ist der zweite Schritt. Wir müssen doch wollen, dass dieser Strom der Gnade nicht bei uns stockt. Ich will glauben, dass ich teilnehme an Gottes Lebenswerk, verbunden zu leben. Ich will mich nicht drücken. Ich will das Leben als Auftrag zum Antworten verstehen. Ich will horchen. Was geschieht, was mir geschieht, das ist doch getan, damit ich antworte. Was sagt mir das Geschehen? Was sagt mir das gefüllte Portemonnaie angesichts der Bitte um «Brot für die Welt»? Was sagt mir der verstummte Kollege, das verängstigte Kind? Es geht darum, dass ich nicht die Annahme der Lebenssignale verweigere, mich nicht taub stelle oder verleugnen lasse, nicht so tue, als wäre ich nur Zuschauer des Lebens.

Solidarisch mit dem Schuldigen

Der dritte Schritt ist dann, dass ich mich selbst als den erkenne, der vielfältig beschenkt ist und doch schuldig wird. Ich selber, Biedermann und Brandstifter in einer Person, kann Liebe äffen, einen Krieg anfangen oder einfach beim Stricken Schlechtes vom Nachbarn reden (A. Camus) und kleine Giftperlen verteilen, die als Liebesperlen getarnt sind. Ich selber weiß doch, dass ich mitschuldig und nicht gut bin. Das könnte mir mehr Verständnis abringen für Menschen, die sich zum Verbrechen hinreißen ließen. Es gibt Menschen, die meinen, auf eigene Faust sich das Notwendige besorgen zu müssen, das Notwendige an Liebe, an Besitz, an Prestige, an Nahrung für Leib und Seele. Zu bedenken ist auch: Die Besitzenden haben vom Gewaltmonopol des Staates mehr als die Habenichtse. Dass Stehlen verboten ist, nützt uns Besitzenden. Von der Meinungsfreiheit profitieren diejenigen mehr, die ihre Meinung auch veröffentlichen können. Andere werden noch nicht einmal von ihrem Ehepartner angehört. Es gibt Menschen, die meinen müssen, dass ihnen nichts anderes übrig bleibt, als Unrecht zu tun. Und diese Menschen sind oft leidverwüstet, denn Bösesein macht Mühe. Bertolt Brecht erzählt das so: «An meiner Wand hängt ein japanisches Holzwerk, Maske eines bösen Dämonen mit Goldlack. Mitfühlend sehe ich die geschwollenen Stirnadern, andeutend, wie anstrengend es ist, böse zu sein.»

Jesus macht Mut, dass wir nicht ausstoßen, ausmerzen, verwerfen. Im Reich Gottes, so sagt er, ist es so, dass Gott, der Lebensmacher, dem verirrten Schaf nachgeht. Es gehört zum Ganzen. Es darf nicht abstürzen. Wir müssen diese unsinnige Illusion loslassen, als lebten wir in einer heilen Welt, die nur von ein paar Unverbesserlichen gestört sei und die wieder heil werde, wenn wir die Unrechttäter ausstoßen. Wir müssen lernen, mit dem schuldig Gewordenen so zu reden, dass er uns Liebe anmerkt, nicht das Rechthaben. Mit Rechthaben kann man einen totschlagen. Siebenmal siebzigmal vergeben, das ist nur die Antwort auf die unbegrenzt vielfache Gnade, die ich in meinem Leben erlebe. Um Vergebung bitten kann ich nur, wenn ich einstimme, auch meinen Schuldigern zu vergeben.

Auferstehung der Toten und das ewige Leben

Das ist nicht der Schlussakt, sondern die Ouvertüre. Der Blick wird freigegeben auf vollendete Schöpfung. Das ist's, worauf die Welt vom Ursprung her angelegt ist: In Gott gut und ganz werden. Darauf glauben wir zu, gehen wir zu. Der Drang des Lebens ist Werden und Wachsen, ist Heilwerden. Aber erst vom Ziel her geht das Licht nach und nach über das Ganze auf (L. Wittgenstein). Dann, wenn der Tod uns scheidet, nicht voneinander (das tut er ja nur für uns, die Zurückbleibenden), sondern scheidet von allem Vorläufigen und Verworrenen, dann «werden wir in einem Lichte stehen, von dem die Sonne nur ein Schatten ist» (A. Schopenhauer).

Deine Resignation ist völlig unvernünftig, und deiner Traurigkeit ist der Boden entzogen. Deine Verzweiflung kann sich legen, und deine Selbstverachtung klinge ab. Deiner Tränen sind genug. Denn Gott hat uns den Sack der Trauer ausgezogen, uns mit Freuden gegürtet. Er hat unsere Klage verwandelt in einen Reigen (Psalm 30,12). Christus ist auferstanden! Er ist nicht in der Vergangenheit abgelegt als ein Retter mit Verfallsdatum, sondern er ist vorweggenommen in die Fülle. Er ist das Zentralgestirn unserer Seele, die unermüdbare Hoffnungsquelle. Er ist der Pulsschlag des Werdens. Alles wird sich messen lassen müssen an ihm, dem Herzen Gottes, dem Geheim-Herz der Welt. Nicht Verlust, Versanden, Vergessen, sondern Gelingen, Werden, Wachsen, Heilen sind uns bestimmt.

Uns über uns hinausdenken

Wenn wir über Tod und Sterben und Auferstehung nachdenken, fällt uns ein, dass wir wesentlich auch Natur sind. Und alles Natürliche muss sterben, und was felsenfest steht, unterspült die Zeit. Aber wir Menschen sind nicht nur irdisches Material, wir sind Bil-

148

der, Ideen, Entwürfe Gottes. Du und ich, wir sind unendlich viel mehr, als wir voneinander wissen. «Diesseitig bin ich gar nicht fassbar», hat der Maler Paul Klee über sich und wohl uns alle gesagt. Wir sind doch mehr als unser nacktes Leben, es gibt doch dieses Über-mich-Hinaus, dies Anteilsuchen an mehr. Nicht was wir sind, ist das einzig Ganze. Es ist in uns ein Überschuss wirksam, der über das, was wir heute und gestern gewesen sind, hinaustreibt. Und wenn man am Sterbebett eines geliebten Menschen gesessen hat, wenn man da verweilt hat bei dem, der schon «in die schauerliche, augenlose Totenhaut eingenäht» ist, den «Reisesack des Lebens» (R. Musil), dann, ganz nahe an dem Gestorbenen, spüren wir, ahnen wir, dass der Überschuss an Person, Berufung, Hoffnung aus dem Leben gegangen ist, dass ihn dieser Überschuss weggetragen hat.

Dies ist die lichtvolle Seite des Todes, an die wir glauben. Was uns aber ins Auge fällt, ist der Abbruch, der Stillstand, das Verstummen des menschlichen Wirkens. Und Spuren des Sterbens sind mitten in unser Leben gestreut. Schon mitten im Leben sind wir oft wie versteinert, leblos, sprachlos, ohne Gefühl. Dem, was Gott mit uns vorhat, seinem Entwurf, werden wir dann kaum gerecht. Manches Leben scheint nur ein kurzes Aufflackern, ein schwaches Glimmen zu sein, ein erster Versuch. Wenn der Tod das endgültige Aus wäre für dich und mich, dann wären wir doch nur Marathonläufer ins Nichts. Sollten wir für den Tod erfunden sein? Und das ganze Universum, die Welten und Weiten der Milchstraßen – nur alles vorübergehend?

Freispruch von Vergänglichkeit

Christen hoffen auf einen neuen Himmel und eine neue Erde, auf Verwandlung des Alten, auf Reich Gottes und für die Menschen und wohl auch für die Tiere die Auferstehung der Toten, des Toten.

Noch sind wir alle vergängliche Wesen, doch mit Hoffnung, «dass auch die Schöpfung von Vergänglichkeit frei gesprochen werde und wir zu der herrlichen Freiheit der Kinder Gottes kommen.» Wir sehnen uns ja alle nach der vollen Gemeinschaft mit Gott und warten auf unseres Leibes Erlösung (so Paulus im Römerbrief 8,20–23). Statt das Leben als Beute des Nichts zu denken, hoffen die Christen auf Zukunft in Gott.

Sicher, die knappe Lebenszeit des Menschen ist schon wunderbar genug. Aber unser Wesentliches wird hier nicht gesättigt. Warum bin ich? Was bin ich? Diese Fragen legt uns Gott ans Herz, ins Herz. Sollte er diese Fragen mit dem Türenschlag des Todes zum Schweigen bringen wollen?

Oft sind wir träge und leicht zufrieden zu stellen. Aber uns dämmert in besten Augenblicken eine Ahnung, dass wir für Gott bestimmt sind. Dann keimen Trauer und Schuldgewissen auf, dass wir diesem Entwurf so wenig gerecht werden. Uns bleibt die Hoffnung auf Verwandlung. Unser Bestes, alles Lachen und Lieben und Leiden, gehört doch zu Gott, es sind doch die Farben, mit denen er sein Menschenbild auf unsere Gesichter malt. Ich glaube nicht, dass wir unser Leben an den Tod abgeben. Von ihm haben wir es nicht bekommen.

Sein wie die Träumenden

«Wenn der Herr die Gefangenen Zions erlösen wird …», so beginnt ein Gedicht Israels, 2500 Jahre alt und noch ganz jung: «Wenn der Herr die Gefangenen Zions erlösen wird, so werden wir sein wie die Träumenden, dann wird unser Mund voll Lachens und unsere Zunge voll Rühmens sein. Dann wird man sagen: Der Herr hat Großes an ihnen getan! Der Herr hat Großes an uns getan; des sind wir fröhlich. Die mit Tränen säen, werden mit Freuden ernten. Sie gehen hin und weinen und tragen edlen Samen und kommen mit Freuden und bringen ihre Garben» (Psalm 126).

Zum Greifen nah stehen hier die Bilder für unser Leben: Tränen, Saat und Ernte; wir, Gefangene, eingegossen in Trieb und Instinkt, gekettet an Notwendigkeiten, begrenzt in allem und zum Sterben geboren. Aber der Herr des Lebens wird uns erlösen, es geht ja um sein Gottsein, erst in zweiter Linie um uns. Wir werden sein wie die Träumenden, nicht wissend, wie uns geschieht. Aber wir werden lachen und rühmen, weil wir einig sein werden mit Gott.

Wenn er die Ernte seiner Schöpfung einbringt, dann wird uns der Sinn der Geschichte aufgehen, geflochten aus Zeiten und Lebensläufen. Wenn das, was in uns angelegt war, ausgegeben worden ist, wenn wir uns verausgabt haben, werden wir heimgehen und die Garben bringen – Garben aus Unkraut und Weizen, Ratlosigkeit und Fleiß, Schuld und Glück, dann werden wir erkennen, wer wir sind (1. Korintherbrief 13,12).

Ich glaube, dass wir für Gott unverlierbar sind. An uns hat er seine Liebe gewandt, uns ins Leben gerufen, uns durch die Zeit gebracht. Aber er ist mit seinem Lieben nicht fertig geworden, wenn wir sterben. – Wir alle werden ja sterben, unabgefunden in unserer Sehnsucht, wir können hier nicht gut und ganz, nicht mit Gott eins werden. Schuldbeladen und ermattet sterben wir.

Mit Neugier sterben

«Aber unser Sterben könnte voll Neugier, Jagdtrieb, Flügelschlag sein» (E. Bloch). Sterbend könnten wir flüsternd rufen: «Schiff ahoi, die Leinen los!» (A. Terz). Und tatsächlich ist ja das Schiff ein Symbol für das Sterben – als Heimkehr in Gott, den Hafen aller.

Die Dichterin Marie Luise Kaschnitz erzählt, wie das sein kann: Auferstehung zum ewigen Leben erhoffen, ohne die näheren Umstände zu wissen:

«Glauben Sie, fragte man mich, an ein Leben nach dem Tode? Und ich antwortete: Ja! Aber dann wusste ich keine Auskunft zu geben, wie das aussehen sollte, wie ich selber aussehen sollte, dort. Ich wusste nur eines: keine Hierarchie von Heiligen, auf goldenen Stühlen sitzend, und kein Niedersturz verdammter Seelen – nur Liebe, freigewordene, niemals aufgezehrte, mich überflutend. Mehr also, fragten die Frager, erwarten Sie nicht nach dem Tode? Und ich antwortete: Weniger nicht!»

Auch die Bibel bietet keine Lehre von den «Letzten Dingen». Nur an den Rändern der Überlieferung tauchen Visionen auf, die die Morgenröte des ewigen Lebens anbrechen sehen. Aber sie sind verstellt von den grellen Schreckensbildern einer chaotischen Endzeit: Greuel der Verwüstung (Matthäus 24); die apokalyptischen Reiter (Offenbarung 6). Und das Szenario eines dritten Weltkrieges ist ja tatsächlich so fürchterlich, dass, wenn nicht der Weltuntergang, so doch die Erdvernichtung von Menschen machbar geworden ist.

Ewiges Leben, keine Bilder

Die Offenbarung des Johannes Kapitel 21 erwartet einen «neuen Himmel, eine neue Erde»: «Gott wird bei den Menschen wohnen, und sie werden sein Volk sein, und er wird ihr Gott sein; und Gott wird abwischen alle Tränen von ihren Augen, und der Tod wird nicht mehr sein, noch Leid noch Geschrei noch Schmerz wird mehr sein; denn das Alte ist vergangen.»

Wie das sein wird, wenn wir «daheim sind beim Herrn» (2. Korintherbrief 5,8), kann ich für mich völlig offenlassen. Ein Bild, das mich nicht loslässt, ist dieses: «Wolf und Lamm, Kuh und Bär werden miteinander wohnen (Jesaja 11,6), und keiner wird mehr wissen, was Feindschaft war» (nach Jesaja 11,4). Das für mich schönste Bild aber stammt von Sören Kierkegaard: Ewiges Leben – das ist: «unter Rosengärten ewig mit Jesus reden».

Auch wenn wir keine Lehre, kein exaktes Wissen haben von dem, was Gott mit uns vorhat, wir haben zum Glück den Jesus Christus. Und er ist das Menschenmuster Gottes. Wie er – so wir. Er – auferstanden als Erstling derer, die entschlafen sind (1. Korintherbrief 15,20). Wenn wir Christus annehmen als Muster, als das Modell, nach dem Gott auch uns schneidet und formt, dann ist die Zeit hier unsere Laufbahn zur Ganzheit, ist Übung, Schule, Vorspiel, ist Gott-

Suchen, ist Fährte Aufnehmen. Das irdische Leben – unsere, fort-
während Geburt, mit dem «Leichentuch als letzter Windel».

Im Tod werden wir zu Ende geboren, und dann finden wir den
Anschluss an alles und werden eins mit Gott und der Welt. Und
unsere Angst, zu kurz zu kommen, ist weggeblasen. Dann werden
wir wirklich Glieder an einem Leib, allen nah und keinem fremd,
Zweige des einen Baumes. Ewiges Leben ist nicht ein unendliches
Erdenleben. Das wäre Qual. Ewig meint: leben in reiner Gegenwart
Gottes. Wie das sein wird, wissen wir nicht. Mir genügt diese glück-
liche Zuversicht: Wir werden sein wie die Träumenden und Lachen-
den. Nicht der Tod umschließt das Leben, sondern das Leben
schließt den Tod mit ein. Wir werden noch alles und ganz.

Das Ziel

Alles in allem und alles in einem

Christen glauben nicht an einen einfachen Gott. Sie nehmen das Geheimnis der Welt mehrschichtig wahr. In drei Dimensionen hat die Kirche, von ihren Anfängen an, Gott angebetet und an ihn geglaubt: Gott der Vater, der Sohn, der Heilige Geist.

Viele Schwierigkeiten bereitet uns dieser Gedanke, seit wir gelernt haben: ein Gott in drei Personen. Wir sehen drei Wesen figürlich vor Augen. Aber «Person» meint etwas anderes. Das Wort kommt vom lateinischen «personare» und heißt: hindurchtönen. Es hat mit der Maske zu tun, die der Schauspieler sich vorhält und durch die er hindurch spricht. Gott in drei Personen, das will sagen: Gott wirkt in drei verschiedenen Weisen, in drei Rollen. Aber so vielfältig er uns erscheint, so einig ist er in sich selbst. Entsprechend hat das Wort «Trinität» im Deutschen verschiedene Nuancen: Dreifaltigkeit und Dreieinigkeit.

Wir nennen Menschen «Personen», um zu betonen, dass jeder Mensch im Unterschied zu den Tieren und zu Sachen einmalig und einzigartig ist, und zwar deswegen, weil Gott durch ihn hindurch spricht. Leider haben wir diese Ursache für unsere Menschenwürde oft vergessen. Darum hat das Wort «Person» auch viel von seinem verheißungsvollen Glanz verloren. Weil aber das Wort «Person» so farblos geworden ist, können wir uns auch unter den «drei Personen Gottes» nichts mehr vorstellen und sollten lieber von den «drei Seinsweisen Gottes» sprechen: Gott, das Geheimnis der Welt, schafft als Schöpfer, liebt im Sohn und steckt uns an mit Heiligem Geist.

«Ich glaube an Gott, den Vater, den Allmächtigen»

Was das heißt, hat Martin Luther so gesagt: «Einen Gott haben, heißt: einen haben, dazu man sich versehen kann alles Guten und Zuflucht haben kann in allen Nöten.» Gerhard Ebeling sagt dazu: «Gott kann also nicht etwas Sterbliches und Begrenztes sein. Zuflucht in allen Nöten kann nur sein, wer die unendliche Weite in sich birgt, der Ursache der Dinge, eben das Geheimnis der Welt ist, nicht nur religiöse Zutat zur Welt, sondern eben ihr Schöpfer.»

Wir sind ja Empfänger einer jahrtausendealten Erfahrung: Die Welt birgt ein Geheimnis. Dieses Innerste der Welt bleibt nicht im Schweigen, sondern äußert sich. Dieses Innerste der Welt ist der Schöpfer aller Dinge. Ich samt aller Kreatur verdanke mich seinem Willen. Ich und alle Kreatur sind speziell gewollt, sind nicht Massenware einer gigantischen Gebärmaschine namens Natur, sondern Gott hat dich und mich beim Namen gerufen und aus dem Nichtsein erlöst, jeden einzeln und unverwechselbar. Bis zum Fingerabdruck hin sind wir als Unikate entworfen; wir nehmen unser Leben und jeden Atemzug von ihm.

Wenn dieses Innerste der Welt «allmächtig» genannt wird, dann meinen die Christen damit, dass alle Macht, die vorhanden ist, die kommt und die war, dass alle Kraft, alle Energie Gottes Kraft ist. Diesen Glauben, wenigstens dieses Ahnen, haben hoffentlich alle Menschen. Zeichen für diese Ahnung ist das Wort «Gott sei Dank». Weit über kirchliche Kreise hinaus ist es Alltagswort geworden und geblieben. Diese kleine Wortmünze zeigt an, wer mit uns zu tun hat, selbst wenn der, der das sagt, es nicht mehr wissen sollte. Seine Seele weiß dann mehr als sein Gehirn.

Aber die andere Erfahrung ist, dass Gott fehlt, oder zumindest, dass Gott schweigt. Er bleibt tief in den Geschehnissen, in den Zufällen, Abfällen und Unfällen verborgen. Wir sehen nur Bruchstücke von Glück und Unglück, nur abbrechende Schicksale.

Wenn man die Menschheitsgeschichte bedenkt, so könnte man sie für ein Gewirr aus lauter Fadenenden halten. Nirgends ist ein roter Faden zu erahnen, um den sich alles dreht. Wenn man ein Kabel herstellt, braucht man einen Kernfaden, um den herum die anderen sich zwirnen lassen, und diesen Faden nennen die Fachleute «Seele». Mit diesem Bild ist es leichter, die Frage zu formulieren, die erst klar sein muss, ehe wir Jesus Christus überhaupt als nötig und hilfreich wahrnehmen können. Wenn wir nach der «Seele» des Geschichtsfadens suchen, nach dem Kern, der sich in der Weltgeschichte durchhält, wenn wir also nach Gott als dem Bleibenden in Werden und Vergehen fragen, dann könnten uns die Augen aufgehen: Gott taucht auf in Jesus Christus.

«Ich glaube an Jesus Christus»

Ein Menschenleben wird Gottes Kennkarte. Gott hält uns Menschen diesen Jesus hin zum Zeichen: An ihm könnt ihr erkennen, wer ich bin. Das verstehe ich so: Das Geheimnis der Welt nimmt Hand und Fuß an. Jesus von Nazareth, Marias und Josefs Kind, ist Gott «in Person»; seinen Lebenslauf lebt Gott selbst.

Der Lebenslauf Jesu wurde von Gott «gelaufen». Weil Gott in Jesus handelte, sprach und litt, war Jesus verletzbar, aber nicht zerstört; versuchbar, aber nicht der Sünde anheim gefallen; misshandelt, aber die Liebe hat er nicht verraten. In tiefster Angst, von Gott aufgegeben zu sein, war er doch nicht verlassen; gestorben und auferweckt, bleibt er in Gott. Er ist das Gesicht Gottes für immer.

Seitdem sich Gott mitkreuzigen ließ, dürfen wir darauf vertrauen, dass er allen Hass und alles Chaos auf sich zieht. Am eigenen Leib erleidet er, was ihm noch quersteht. So brauchen wir nicht mehr einen fernen Gott anzuklagen. Der Jenseits-Gott, abgeschieden vom Leben, existiert nicht. Dieser «Krokodilsgott» (F. Zorn), der nur Leiden verhängt, ist eine Horrorvision derer, die Jesus nicht glauben. Seit Gott den Tod Jesu gelitten hat, dürfen wir dem Gott vertrauen, der das Leid erleidet. Er leidet die Wunden der Katastrophen, Kriege und Krankheiten in uns, den Zellen seines Leibes.

Als Schöpfer der Welt ist Gott zu erahnen – «kein besonders lieber, aber einer, der sich beständig manifestiert» (M. L. Kaschnitz). Doch in Jesus Christus gibt sich Gott als Liebhaber des Lebens zu erkennen, der das Kranke auf sich nimmt und die heilsbedürftige Welt in die Ordnung der Liebe zieht. Als Jesus Christus baut er das Reich, in dem Gottes Liebe überall hinreicht und alles Leid, aller Jammer und alle Schuld aufgehoben sein wird. Spuren gelöster Freude, Humor, Güte und Zartheit sind schon seine Fährte, jetzt.

So können wir an Gott als den glauben, der auf dem Weg ist, sein Reich zu bauen – »nicht bloß einmalig am Ende, sondern auch allmalig in der ganzen Zeit» (M. Buber). Wir können die Geschichte im Ganzen als verhüllten Weg zum Reich Gottes verstehen, und unsere je eigene Biographie als einen Teil dieses Weges, dessen Richtung das Wort Jesu angibt:

«Was ihr getan habt einem meiner geringsten Brüder und Schwestern, das habt ihr mir getan» (Matthäus 25,40). Damit ist auch gemeint, dass Gott in unseren Lebensläufen weiterkommt oder von uns aufgehalten wird.

Durch das, was ich an Jesus entdecke, bekomme ich eine «gute Vermutung zu Gott» (Luther). Gott ist gleichzeitig allmächtig, freudevoll und leidend. Alle Macht ist seine, und doch liegt Gott noch in Banden. Er hängt noch am Kreuz der Geschichte, und wir nageln ihn fest, wo wir Menschen verhungern, verkümmern und vereinsamen lassen. Wir tragen sein Kreuz mit, wo wir teilen, versöhnen und in Liebe ein Stück weiterhelfen. Aber Gott ist immer noch mehr.

«Ich glaube an den Heiligen Geist»

Er ist der Heilige Geist, der uns zur Liebe ansteckt. Er ist der Impuls, der uns anstiftet. Heiliger Geist ist wirksam, wenn Menschen wachsen in Glaube, Liebe und Hoffnung. Heiliger Geist ist es auch, der mich die Kirche als das Becken verstehen lässt, in dem die Gotteserfahrung vieler sprudelt und wo ich mich stärke zu intensiverem

Leben. Wir sollten die Gemeinschaft mit der Kirche nicht wegwerfen. Wo sonst gibt es eine Perspektive für mein und aller Leben bis in die Ewigkeit, Leben mit Erwartung von Auferstehung zu Gericht und Heil? Das will sagen: Gott bringt zu Fülle und Ernte, was er wachsen lässt. Wenn Gott alles in allem sein wird (1. Korintherbrief 15,28), werden wir dabei sein. Wie wir uns dann wahrnehmen, ist uns jetzt zwar verschlossen, aber diese Ungewissheit ist auszuhalten in Hoffnung. Dies glauben, heilt.

Der Autor

Traugott Giesen wurde 1940 in Bonn geboren. Er ist verheiratet und
er ist Vater und Großvater. Zehn Jahre war er Pastor in Berlin-
Neukölln. Seit 1976 ist Traugott Giesen Pastor an der St. Severin
Kirche in Keitum auf Sylt.